青岛市

旅游产业发展战略研究

谭　鹏◎著

中国海洋大学出版社

·青岛·

图书在版编目（CIP）数据

青岛市旅游产业发展战略研究／谭鹏著．—青岛：
中国海洋大学出版社，2018.10
　　ISBN 978-7-5670-1910-2

　　Ⅰ．①青… Ⅱ．①谭… Ⅲ．①地方旅游业－旅游业发
展－经济发展战略－研究－青岛 Ⅳ．① F592.752.3

　　中国版本图书馆 CIP 数据核字（2018）第 183769 号

出版发行	中国海洋大学出版社			
社　　址	青岛市香港东路 23 号		邮政编码	266071
出 版 人	杨立敏			
网　　址	http://www.ouc-press.com			
电子信箱	appletjp@163.com			
订购电话	0532-82032573（传真）			
责任编辑	滕俊平		电　　话	0532-85902342
装帧设计	青岛汇英栋梁文化传媒有限公司			
印　　制	北京虎彩文化传播有限公司			
版　　次	2018 年 12 月第 1 版			
印　　次	2018 年 12 月第 1 次印刷			
成品尺寸	170 mm × 230 mm			
印　　张	9			
字　　数	146 千			
印　　数	1～1000			
定　　价	35.00 元			

如出现印装问题，请致电 010-84720900 与印刷厂联系。

前　言
Preface

　　虽然青岛市旅游产业的发展取得了显著成绩,但与全市快速发展的经济社会发展形势相比还有较大差距。为了提升青岛市旅游产业总体发展水平,本书依据产业集群理论、产业链理论,通过考察青岛市旅游产业集群分工、合作和创新扩散,旅游产业与农业、文化产业的融合,各区市公共政策与旅游产业发展等,构建青岛市旅游产业发展的三维机制:微观集聚,通过集群网络学习、创新、扩散;中观产业链优化重组实现产业融合;宏观政策推动产业发展。

　　本书首先总结了青岛市旅游产业发展的基本情况,提出未来发展的五大战略方向:滨海度假旅游、海洋休闲旅游、品质乡村旅游、融合创新旅游和输出服务旅游;五大战略抓手:全域化空间格局、全景式特色组团、全方位公共服务、全渠道营销体系和全覆盖保障措施。进而分析了青岛市旅游产业发展的理论基础,包括旅游产业集群的发展与创新、发展动力机制;旅游产业链的构成与作用机理;旅游产业融合其他产业、旅游产业与其他产业互动融合;公共政策推动旅游产业发展的效果与约束条件。然后介绍了青岛各区市的实践,重点梳理了各区市发展乡村旅游产业的实践经验。在此实践基础上,本书进一步思考青岛市旅游产业发展的理论意蕴。

　　(1)微观集聚。旅游产业集群分工既包含以消费者需求为中心的分工,也包含以产业链核心企业为节点的分工。旅游者的需求是一揽子的,但旅游产业集群内的任一主体仅能提供某一方面的产品或服务,谁也无法满足旅游者的全部需求,因此,集群内各主体必须合作才能满足旅游者的整体需求。集群的分工合作促成了集群学习,继而推动创新扩散。相比市场中自发的企业关联,集群内部成员之间的关系更加稳定,持续时间更长,知识传播的效率更高,因此创新扩散更加高效。集群成员在地理上临近,接触的机会更多,即

1

便在信息技术高度发达的今天,直接的接触也更有利于创新扩散。集群成员在长期的互动过程中,合法性逻辑促使组织趋同,不仅显性知识更容易传播,隐性知识的传播障碍也大大降低。

（2）产业融合。农业产业拥有丰富多元的旅游资源,旅游服务应用于农业产业,使旅游产业和农业产业相融合,产生出一种新的产业模式,兼具旅游产业和农业产业双重特征,但以旅游产品和服务为主,其经营模式、产品数量及品牌、营销方式等均发生巨大变化,既不同于农业也不同于旅游产业。文化产业具有文化和经济双重属性,旅游产业具有经济和文化二元特征,二者的相似性奠定了产业融合的基础。文化产业融合旅游产业、旅游产业融合文化产业、二者互动融合是三种典型模式。

（3）政策推动。产业强势地区可将旅游产业定位为支柱产业。制定国内旅游主导的市场战略,主要依靠市场和法治保障产业发展。产业拉动区也可以将旅游产业定位为支柱产业,但需要政府主导的产业发展政策。产业推动区公共政策应聚焦于旅游资源科学开发、拓展外地客源等问题。产业弱势区可以将旅游产业作为优先发展产业。

青岛市旅游产业发展的理论机制是:微观主体集聚,通过分工合作促进知识生产与扩散,企业与政府不断创新,推动旅游产业与农业、文化产业等融合,新的产业不断出现。青岛市旅游产业升级的政策选择是:将各区市划分为产业强势区、拉动区、推动区和弱势区,从供给和需求两方面采取针对性的举措。

目　录
Contents

1

青岛市旅游产业发展概况

1.1 发展现状

2017年,在新一届青岛市委市政府的正确领导下,在市旅游领导小组统筹协调下,市旅游发展委以改革创新为主线,围绕打造国际化旅游目的地城市目标,坚持全域旅游发展理念,加强政策引导,优化环境秩序,加快转型升级,推动旅游业稳步发展。全年全市接待游客总人数8816.5万人次,同比增长9%;实现旅游消费总额1640.1亿元,同比增长14%。

一是改革创新取得可喜进展。推进全域旅游、国家级旅游业改革创新先行区等分别列入市党代会报告和市政府工作报告。市旅游发展委获批组建以来取得实质性进展,完成更名、人员编制指数确定等主要工作,相关综合协调体制机制、属地执法和监管体制理顺工作初见成效。国际级改革创新先行区和邮轮旅游发展实验区两大旅游新旧动能转换支撑平台相继发力。国家级改革创新先行区建设积极稳妥推进,在全国第二批旅游业改革先行区启动工作会上做了典型经验交流。全域旅游发展规划完成初稿编制,确定了滨海度假旅游、海洋休闲旅游、融合发展旅游、品质乡村旅游、服务输出旅游五大重点发展方向。《青岛市建设中国邮轮旅游发展试验区实施方案》制定出台,第五届中国(青岛)国际邮轮峰会成功举办,国内最具影响力的邮轮行业组织世界旅游城市联合会邮轮分会会员总数达到103家,累计接待95个邮轮航次、10.9万邮轮旅客。建立青岛市旅游产业发展引导基金,初步确定投资子基金规模11亿元,拟定青岛旅游大数据平台建设方案,青岛旅游集团加快推进资源整合等工作,各项改革创新加快实施。

二是产业升级步伐加快。探索制定新一轮旅游产业扶持政策，重点对旅游休闲度假项目建设、产业融合发展、淡季营销等方面加大资金和政策扶持力度。坚持项目支撑，加大招商引资和项目建设力度，形成了各区市均有布局、休闲度假等9大业态支撑的良好局面，全面拉开了全域发展的框架体系。积极推进总投资2800多亿元的80余个重点项目，全年累计完成投资300多亿元，实现竣工或开业项目22个；走访国内知名旅游投资集团公司100多家次，落地签约项目10余个。着眼打造品质乡村旅游，制定出台《青岛市促进乡村旅游发展提质升级行动方案》，新创建3个省级旅游强镇、12个省级旅游特色村、18个省级农业旅游示范点，组织全市126个乡村旅游带头人境外交流培训，新打造栖澜海居、小隐、乡伴等一批精品民宿，推动筹备山东民宿和精品酒店协会，引导全市500余家民宿规范化、品质化发展，预计全年接待乡村旅游游客2956万人次，实现旅游业总收入159.1亿元。积极推动旅游扶贫和帮扶工作，带动55个村实现脱贫致富，与陇南签署对口支援合作框架协议，联合安顺摄制《安顺故事》，并荣获中宣部社会主义核心价值观主题微电影二等奖和第五届亚洲微电影节七项大奖。积极推动产业融合发展，国家级体育旅游示范基地(青岛奥林匹克帆船中心)、国家级健康旅游示范基地(青岛市崂山湾国际生态健康城)、运动休闲特色小镇试点项目(即墨田横镇)、"首批中国十大科技旅游基地"(中国科学院青岛海洋科考船)等国家级产业融合发展示范基地或项目获批。

三是影响力和美誉度持续提升。统筹协调电视、报纸、公交车体、网络等多样化媒体，充分发挥自由媒体力量，开展了旅游主题形象海内外推广宣传。创新营销载体，联合金融机构推出首款以城市旅游形象为主题的青岛"旅游一卡通"，首款城市旅游类手游"掌游青岛"正式开放公测。组织赴日本、俄罗斯、澳大利亚等主要境外市场和中国香港、澳门地区开展推介活动6批次，接待国内外旅行商和新闻媒体考察交流60余批，在"走出去"与"请进来"的过程中，树立了青岛旅游品牌形象，扩大了对外交往和合作。编辑出版《追梦青岛》旅游宣传书并举行首发仪式，邀请知名漫画作者绘制出版《手绘青岛》特色旅游地图并全面发放，组织主流媒体、新闻客户端、在青外国友人等2批次约60人进行青岛全域旅游媒体采风行活动，丰富旅游产品体系，强化旅游宣传合力。参与组织的第五届中国(青岛)国际邮轮峰会成为亚洲重要邮轮旅游交流平台;世界旅游城市联合会洛杉矶香山峰会青岛之夜闭幕式展现青岛国际风范;摄影界的奥林匹克——第五届世界摄影大会让青岛成为中国摄影与国际接轨的重要纽带;"漫步青岛"全球传递活动累计吸引 380 万人关注,1500 多家国内外媒体宣传报道;2017 年青岛旅游惠民月首次将惠民范围扩大至全国。通过这些重要国内外活动,进一步展示了青岛的城市魅力,扩大了青岛的旅游影响力,提升了青岛的美誉度。

四是旅游环境不断优化。大力完善旅游公共服务体系,提前一年超额完成"厕所革命三年行动任务"目标,累计投资 4.9 亿元建成、改造旅游厕所 831 座,连续三年荣获全国先进称号。在 2017 年全国"厕所革命"推进大会上,青岛市政府被评为"厕所革命综合推进先进单位",崂山风景区管理局被评为"厕所革命管理模式五大探索(互联网+)"代表单位。积极探索推进公路旅游港等集散体系建设,新增 8 家旅游咨询中心,不断提高咨询员的业务水平,不断优化旅游服务,推动文明旅游工作深入人心。严格执行星级酒店升级上位和退出机制,改革导游管理制度,建设全国导游公共服务监管平台,全年新增 1 家五星级饭店、6 家 3A 级以上景区、10 家 3A 级以上旅行社、4 家出境旅行社。强化旅游安全防控和检查,专项整治旅游包车、景区流量等重点领域,全市未发生旅游安全责任事故。坚持重点整治和专项治理相结合,加强与公安、交通、物流等部门的协调联动,持续开展市场秩序整治"春季行动""暑期整顿",围绕"一日游""不合理低价"等重点领域,累计出动执法检查 4580 多人次,检查涉旅企业 1816 家次,依据"处罚与教育相结合"的原则,给予 17 家旅行社及分支机构责令改正处罚。积极做好旅游投诉受理等工作,畅通投诉渠道,坚持 24 小时人工值守旅游投诉电话,累计受理来话、来访、来信等旅游投诉及咨询 865 余件,投诉处结率 100%,游客满意率 100%,为游客挽回经济损失 47 万余元。

总的看,虽然发展势头良好,但具体工作中还存在旅游管理体制机制特别是属地监管不够到位、转型升级和供给侧结构性改革有待新突破、旅游公共服务体系和市场秩序需要进一步完善等问题。

1.2 五大战略方向

围绕"把青岛打造成为更加富有活力、更加时尚美丽、更加独具魅力的国际一流滨海度假旅游胜地"的目标,立足青岛旅游业实际,重点突出滨海度假旅游、海洋休闲旅游、品质乡村旅游、融合创新旅游、输出服务旅游五大发展方向。

1.2.1　滨海度假旅游

充分挖掘青岛的滨海资源,通过科学规划、主题开发、精细化运营滨海度假区和度假地,强化环境营造、功能分区和设施配套,促进产品体系的规模化、管理服务的系统化和度假目的地形象的品牌化发展。

(1)打造滨海旅游度假带。

以胶州湾群、灵山湾群、鳌山湾群为支撑,加快完善滨海度假带,全面提升凤凰岛、石老人2处国家级旅游度假区以及田横岛、琅琊台、灵山湾、大沽河4处省级旅游度假区,国际邮轮港、青岛湾老城区、历史文化记忆片区、浮山湾—太平湾—汇泉湾旅游带、世园都市生态新区、沙子口海滨、崂山湾"国际生态健康城"、鳌山湾生态新城、鳌山湾未来城、田横岛旅游度假区、红岛"文化旅游海岸"、胶州华红湾国际旅游度假区等区域的度假服务功能和景观价值。重点打造疗养度假、养生度假、滨海度假、体验度假等系列休闲度假旅游产品。

(2)完善功能分区和设施配套。

结合度假区、度假地规划建设,布局度假酒店、度假村、自驾车房车营地、青年旅馆、生态庄园酒店和别墅式酒店等接待设施。推进实施海岸带功能优化调整和环境综合整治,进一步完善滨海步行道、大沽河堤顶路、环湾绿道等城市慢行系统的旅游服务功能,提升海岸带的休闲功能和景观价值。推进街心公园、休闲街区、城市绿地等公共休憩区建设,优化城市旅游休闲环境。

1.2.2　海洋休闲旅游

统筹优势海洋旅游资源,加强基础设施建设,升级海洋旅游装备,构筑多元化的海洋旅游产品体系,形成海上旅游、海岛休闲和滨海度假优势叠加、功能互补、客源共享的海洋旅游发展格局。

(1)拓展壮大海上旅游。

加快构建旅游交通码头和游艇基地体系,促进海上旅游企业的集约化、规模化发展,规范航行、停泊、租赁等海上旅游业务,鼓励发展观光、娱乐、餐饮、婚庆、游钓等大众型海上游乐项目。以青岛旅游集团为主体,推进海岸线资源整合、码头建设和功能提升、航线开辟和运营,形成海上交通集散网络,建设国际知名游艇目的地和亚洲一流、国际知名的帆船等水上运动基地。打造休闲海钓产业基地、省级海洋和内陆休闲垂钓示范基地,举办和承办省市级游钓比赛活动。布局海洋休闲体育运动基地,大力发展帆船帆板、游艇、摩托艇、水上滑翔、沙滩运动等休闲项目。

(2)大力发展邮轮旅游。

依托国家级邮轮旅游发展实验区先行先试优势,加强政策支持和引导,吸引和发展邮轮公司,培育专业化邮轮人才与企业。提升邮轮综合管理服务水平,加快邮轮港旅游服务设施建设,建立健全邮轮服务标准体系和信息平台,打造邮轮综合服务区,建设国际一流的邮轮母港。开发邮轮母港航线和旅游产品,提升青岛至日韩邮轮旅游产品品质;结合72小时过境免签、离境退税等政策,大力宣传青岛邮轮母港项目和邮轮旅游产品,同时重点对省内以及周边省市客源市场进行邮轮旅游普及性宣传,打造中国北方邮轮中心城市和东北亚区域性邮轮母港。

(3)示范开发海岛旅游。

构筑岛、海、陆统筹联动的规划发展体系,建立海岛开发建设的引进和退出机制,积极稳妥地实施海岛开发示范工程。按照"保护优先,开发服从保护"的原则,有选择、分步骤地对海岛旅游资源进行保护性开发。加速推进田横岛的二次旅游开发,推进大公岛、大小管岛、竹岔岛、灵山岛、斋堂岛等的海岛生态保护修复工程,突出特色和主题,配套发展海岛度假旅游,完善码头、水电等基础设施建设,开发海岛休闲度假、渔村民俗、环岛观光、生态休闲、地质科普、野营垂钓等产品。

1.2.3 品质乡村旅游

实施乡村振兴战略,推进城乡统筹和旅游精准扶贫,延伸乡村旅游产业链条,挖掘文化内涵,打造精品项目,推动新业态新产品,拓展产业链条,持续提升乡村旅游的品质、吸引力和综合价值。

(1)优化乡村旅游空间布局。

依托环城游憩休闲圈、远程度假休闲圈布局安排,健全乡村旅游发展规划体系,培育以景点、休闲区、旅游街区、旅游小镇等不同旅游功能区为架构的乡村旅游目的地系统,实现乡村旅游全域空间联动,实现分散发展格局向集聚片区发展格局转变。

(2)培育乡村旅游精品典型。

发展具有历史记忆、地域特点、民族风情的特色旅游小镇与特色旅游村,打造富有地域特色的精品乡村旅游项目,促进乡村旅游产品由浅层生态观光向深度体验与休闲度假转变,由低附加值形态向高附加值形态转变。重点发展渔家风情、山林山岳、滨河生态、温泉养生、田园农耕、历史民俗六大类产品。深入挖掘整合果蔬采摘、赶海拾贝、农(渔)事活动、民俗节日等资源,积极培育乡村旅游节会活动。

(3)壮大乡村旅游发展主体。

突出农民参与主体与受益主体的地位,推广新的乡村旅游发展模式,支持农民联户经营和公司化运营,培养农民"创客"队伍,积极培育本土乡村旅游电商平台,助力乡村旅游精准扶贫,为打好精准脱贫攻坚战做出应有的贡献。

大力发展温泉小镇、森林小镇、葡萄小镇、樱桃小镇、玫瑰小镇、老酒小镇及航空小镇等各类特色旅游小镇,扶持奖励旅游强镇(街道)、旅游特色村(社区)、旅游示范点和乡村旅游专业合作社,到2021年,全市培育形成40个旅游强镇、100个旅游特色村,打造一批在国内具有一定知名度、影响力的乡村旅游品牌。

(4)完善乡村旅游基础设施。

促进乡村旅游基础设施与美丽乡村建设相结合,加强农村环境综合整治,完善乡村道路、交通集散、标识引导、信息服务等配套设施,推进乡村旅游"厕所革命"。建好、管好、护好、运营好乡村旅游道路,通过发展乡村旅游,推动"四好农村路"高质量发展,推进城乡公交网络向重要乡村点延伸,提高乡镇和建制村通客车率,促进城乡运输一体化水平,完善乡村生活垃圾无害化处理和污水处理设施,实现乡村旅游健康可持续发展。

1.2.4　融合创新旅游

充分发挥旅游业作为关联度大的综合性产业的作用,打破封闭的自循环发展道路,全面向开放的"旅游＋"融合发展转变,全面促进旅游业与工业、农业、文化、会展、体育、医药等产业的深度融合发展,拓展健康、金融、科教、航空等领域的合作渠道,不断衍生旅游的新业态、新产品、新供给,构筑产业融合发展平台,配套扶持发展政策,培育复合型和融合型旅游项目与旅游企业。

（1）工业旅游。

立足青岛近现当代工业历史发展脉络,挖掘啤酒、纺织、机车等工业文化内涵,依托海尔、海信、青啤等品牌企业,探索工业旅游与创意产业融合发展新路径,壮大工业旅游产品规模,构筑起完善的工业旅游产品体系。

（2）文化旅游。

整合多元文化旅游资源,拓展旅游功能,植入现代运营方式,全面发展历史民俗文化、历史建筑文化、古遗迹文化、红色文化、名人文化、博物馆文化、军事文化、演艺文化、婚庆文化、影视文化及婚庆等特色文化旅游产品体系。

（3）会展商务旅游。

会展业和旅游业互补联动,完善会议旅游软硬件设施,创办常设青岛的旅游综合展会品牌,打造融会议、展览和奖励旅游等于一体的会展商务旅游产品。

（4）节庆旅游。

强化资源整合、策划包装与专业运作,延伸旅游服务和提升游客体验,推进青岛国际啤酒节等知名节会的高端化、国际化发展;促进大泽山葡萄节、北宅樱桃采摘节、洋河慢生活节等乡村节会的规范化、规模化发展。

（5）康养旅游。

整合滨海、山地、森林、温泉等资源,培育一批健康养生旅游示范基地和示范项目,打造以康体、疗养、医疗、养生、养老为主题的康疗养生旅游产品体系,促进健康养生旅游发展。

（6）研学旅游。

探索建立中小学生春秋假期制度,对接游学联盟大会等平台,加强对"蓝树谷·全国青少年社会职业体验中心""孔子六艺园"等研学旅游基地的提档升级,促进研学旅游发展。创新提升现有海洋科普旅游活动,建立海洋科普联盟,将青岛打造成为探索海洋的科研宝库、认识海洋的科普圣地、体验海洋的旅游乐园。

（7）体育旅游。

促进竞赛表演、健身休闲与旅游活动的结合，形成品牌化和常态化的体育旅游产品。举办国际马拉松赛、帆船拉力赛等具有国际影响力的体育赛事，积极开展登山、钓鱼等参与性体育旅游活动。

（8）通航旅游。

科学规划、有序推进"崂山风景名胜区阅海览城"国家通用航空示范项目、即墨省级高新区青岛市通用航空产业综合示范区、西海岸通用机场、莱西航空文化产业小镇、平度旧店镇通用机场及胶州洋河镇通航产业园等一系列通航项目建设，加快培育通用航空旅游新业态。

1.2.5 输出服务旅游

立足青岛争取国家中心城市定位，围绕建设国家重要的区域服务中心目标，集聚优势旅游产业要素，培育壮大青岛龙头旅游企业，借助青岛在旅游资源开发、景区运营、酒店管理、接待服务、标准规范等方面的优势，扩大服务半径，培育输出服务旅游动能，打造输出服务旅游品牌，构建以青岛为主体的"资源共享、客源互送、信息共用、合作共赢"的区域旅游新格局，实现青岛旅游"走出去"的目标，发挥青岛在区域旅游中的引领作用，将青岛打造成区域性输出服务旅游高地。

推进旅游企业品牌输出，大力培育扶持本土旅游企业品牌，推进企业国际化、市场国际化、产业国际化，打造全方位、深层次、立体式旅游开放格局。大力推进连锁经营、特许经营、加盟经营等现代经营方式和集团化、网络化、品牌化运作，支持海景花园酒店、尚美生活集团连锁酒店、老船夫餐饮、朴宿文旅、N多寿司等一批餐旅企业管理输出和域外投资。鼓励青啤博物馆积极"走出去"，依托资源和品牌优势，打造"青啤梦工厂"和"青啤体验中心"，拓展青岛旅游服务半径。

1.3 五大战略抓手

1.3.1 全域化空间格局

根据"三带一轴、三湾三城、组团式"新一轮城市空间布局，依托青岛

"山、海、湾、河"旅游资源禀赋，构筑"一带一轴，三湾三山，组团发展"新型发展空间，形成"城乡统筹、海陆联动；项目支撑、要素配套；集约集聚、组团发展"的全新旅游产业格局，整体形成节约资源和保护环境的旅游空间格局、产业结构、生产方式与生活方式。

（1）"一带"。

"一带"即青岛滨海旅游带。提升主城区传统滨海旅游品质，大力拓展东、西海岸及胶州湾北部滨海旅游发展新空间，重点布局发展各类高端滨海休闲度假旅游项目，打造世界一流的滨海度假黄金旅游海岸。

（2）"一轴"。

沿大沽河生态旅游轴带，建设生态旅游与乡村旅游长廊，大力发展生态游、体育游、文化游、农业游和休闲度假游等特色旅游产品，辐射打造青岛北部休闲旅游聚集区。

（3）"三湾"。

以胶州湾群、灵山湾群、鳌山湾群为依托，打造中心城区、西部湾城、东部湾城三大城市旅游核心区。三湾联动，陆海统筹，构筑三足鼎立的海湾型旅游中心格局。其中，中心城区依托"红瓦绿树、碧海蓝天"的城市风貌，优化城市旅游功能，聚集高端要素，延续历史文脉，打造时尚美丽的滨海休闲旅游集群。西部湾城，依托凤凰岛、灵山湾、琅琊台三个国家级和省级旅游度假区，以蓝湾路和滨海大道为串联，重点布局度假酒店、影视演艺、节庆会展、休闲商贸等业态，打造西部滨海度假旅游集群。东部湾城，依托"中国蓝谷"、田横岛旅游度假区及温泉旅游资源，以滨海大道为串联，重点布局度假酒店、海岛休闲、温泉养生、海洋科技旅游等业态，打造东部滨海度假旅游集群。

（4）"三山"。

以崂山山系、大小珠山山系、大泽山山系三大山系为主，改善旅游生态，美化景观环境，完善旅游基础设施与配套服务建设，构筑青岛市全域旅游三大山林山地支撑区。

（5）"十五组团"。

在"一带一轴、三湾三山"总体旅游空间布局框架下，构筑支撑全域旅游发展的十五大旅游组团，包括：胶州湾东岸滨海旅游组团、胶州湾北岸滨海旅游组团、西海岸东部滨海旅游组团、西海岸西部滨海旅游组团、西海岸山地旅游组团、即墨滨海旅游组团、崂山风景区旅游组团、崂山王哥庄健康城旅游组团、世博园山地旅游组团、城阳夏庄—惜福山地旅游组团、胶州洋河山水田园旅游组团、沽河生态中心旅游组团、平度大泽山旅游组团、莱西湖旅游组团、莱西姜山湿地旅游组团。

1.3.2 全景式特色组团

依托跨区域的自然山水和完整的地域文化单元,按照生态景观优良、资源丰富集聚、配套基础良好、基本要素齐备、功能相对集中、特色比较突出、辐射能力较强等基本要求,在全域范围内规划发展 15 个全景式旅游特色组团,培育出一批跨区域特色旅游功能区,推进跨区域资源要素整合,加快旅游产业集聚发展,助力"三湾三城"建设,促进区域协调发展。

空间关系:在"一带一轴,三湾三山"大旅游空间基础上,依托不同组团的生态环境禀赋,组合形成"山+海+城""河+海+城""山+河+城"等差异化旅游组团空间,同时以滨海组团辐射内陆,形成海陆联动格局;以滨河组团辐射城郊,形成城乡统筹态势,全面带动提升旅游产业化、社会化、共享化发展水平,实现经济、社会、生态效益共同提升。

组团内部:重点对其空间形态、产品组织、要素配置及基础设施、配套设施等进行系统优化,建立不同的文化与产业特色;加快既有优势旅游项目建设,加强旅游大项目引进;在景区、度假区、乡村等核心旅游载体基础上,形成海洋、文化、度假、健康、养生、工业、研学、节庆等不同形态旅游产品的交叉创新,形成"全时体验型"的旅游产品组合与满足多样化需求的精品旅游线路;同时,构筑起完善的旅游配套服务体系,逐步培育为内生增长性良好的、相对独立的综合性旅游服务单元。

组团之间:在青岛市大交通体系下,构筑各组团之间的旅游大交通体系,优化提升相关旅游道路的综合服务网络,进一步提升旅游的快捷便利程度。

(1)胶州湾东岸滨海旅游组团。

以市南海滨风景区、邮轮港城及石老人国家旅游度假区为核心,辐射整个胶州湾东岸老城区。依托城市海滨风景,历史文化街区等近现代城市景观,观象山、信号山、小鱼山、浮山等城市山林,综合营造"山海湾城"现代城区旅游景观空间,深入挖掘近现代文化特色与"欧陆风情、时尚城区"核心内涵,着力打造时尚旅居生活方式,引领休闲旅游消费潮流。

依托海滨风景区、八大关、海底世界、老城记忆游览区、邮轮港城、欢乐滨海城、青岛奥林匹克帆船中心、极地海洋世界、石老人国家级旅游度假区等滨海旅游项目,创新发展历史文化街区旅游、海洋文化旅游、文艺休闲旅游、邮轮游艇、帆船帆板、婚纱摄影等新型特色旅游产品。近期重点树立起时尚城区旅游品牌;中远期,将其发展成为时尚美丽的国际化滨海城市旅游休闲聚集区。

(2)胶州湾北岸滨海旅游组团。

以红岛经济区及城阳区、胶州市滨海区域为主,辐射整个胶州湾北岸新城区。依托生态海滨岸线,大沽河、墨水河、祥茂河、白沙河、葫芦巷等城市河流及生态文化新城风貌,综合营造"河海城"生态城区旅游景观空间,紧紧围绕"现代生态文化"特色及"魅力城区、绿色新城"核心,着力打造绿色旅居生活方式,引领生态旅游消费趋势。

依托红岛绿洲湿地公园、东方伊甸园、方特梦幻王国、大沽河省级旅游度假区及少海风景区、华红湾国际旅游度假区等各类高端绿色生态休闲型旅游项目的开发建设,积极发展生态旅游、度假旅游、文化旅游、科技旅游及展会旅游等旅游产品。规划期内重点提速各类生态度假型旅游大项目的开发建设,力争形成旅游规模集聚效应;中远期,将其发展成为现代滨海生态文化旅游目的地。

(3)西海岸东部滨海旅游组团。

以灵山湾影视文化产业区为核心,辐射整个黄岛区东部滨海新城区。依托滨海岸线及凤凰岛国家旅游度假区、灵山岛、竹岔岛等海岛资源,小珠山等山林山地及西海岸新城风貌,综合营造"山海岛城"滨海城区旅游景观空间,紧紧围绕"影视娱乐文化"特色及"活力新区"核心,着力打造海岸度假娱乐生活方式,体现国际性滨海娱乐度假旅游活力,塑造娱乐度假旅游消费热点。

依托蓝湾路慢行系统,串联凤凰岛旅游度假区、唐岛湾风景区旅游度假区、东方影都及珠山森林公园、野生动物园、灵山岛旅游度假区、竹岔岛、齐长城自然文化风景带、青岛新植物园(拟选址)等旅游项目,积极发展影视娱乐旅游、滨海度假旅游、海岛休闲旅游、康体运动旅游及山地禅修旅游等旅游产品。规划期内重点增加各类娱乐旅游设施建设,树立起"度假天堂、活力新区"旅游形象,奠定客源吸引力基础;中远期,将其发展成为富有活力的世界级高端滨海娱乐度假旅游目的地。

(4)西海岸西部滨海旅游组团。

以古镇口湾、琅琊台湾及龙湾为主,辐射整个黄岛区西部滨海新城区。依托琅琊台历史文化资源,整合海岸线及斋堂岛等海岛资源,结合军民融合、文化古镇、特色渔村等建设内容,营造"山海渔村"文化海岸旅游景观空间,彰显"古镇海疆"历史文化、美丽渔村与海岛特色,着力打造海洋休闲生活方式,打造市区居民周末休闲度假消费热点。

依托蓝湾路慢行系统,串联琅琊台省级旅游度假区及琅琊台风景区、琅琊台国家级大遗址公园、琅琊台度假海岸、琅琊古港、龙湾温泉度假村及王家台后特色渔村、海军公园、斋堂岛、油画小镇等建设项目,积极发展历史文化旅游、渔村体验旅游、海岛休闲旅游及海洋度假旅游等海洋文化类旅游产品。规划期内,重点开发各类历史文化旅游项目、精品渔村与海岛休闲旅游产品,树立起"山海渔村、古镇海疆"的旅游形象,形成海洋文化型家庭周末度假旅游目的地的市场聚焦效应;中远期,将其发展成为富有中国海洋特色的文化休闲型古镇海疆旅游目的地。

(5)西海岸山地旅游组团。

以大珠山、藏马山、铁橛山等山林山地为主,辐射黄岛区整个西部现代农业示范区板块。依托大珠山、藏马山、铁橛山等山林山地资源,藏南镇于家官庄村、铁山街道上沟村、泊里镇蟠龙庵村、大场镇魏家湾村、大村镇西南庄村、滨海街道杻杭村等特色乡村旅游资源,营造"森林山乡"旅游景观空间,以山地山村风光为基底,充分挖掘传统民俗文化,突出山地花海资源,系统展现本组团的秀丽山景、鲜花山谷、美丽山村、现代田园特色与景区、园区、社区三位一体发展特点。

依托大珠山风景区、藏马山旅游度假区、铁橛山风景区、九上沟风景区等知名山地风景区,积极开发高端山地养生度假旅游、山村民俗休闲旅游、采摘农业旅游等休闲型旅游产品。规划期内,将各重点景区规划建设成为国内知名的山地休闲旅游精品项目,同时全面拉动周边美丽乡村的旅游配套设施的建设,将其发展成为国内知名的美丽山村特色群落集聚区;中远期,随着各类高端旅游度假设施与休闲娱乐设施的配套完善，将其打造成为高品质的山地山村休闲度假旅游聚集区。

（6）即墨滨海旅游组团。

以"中国蓝谷"、鳌山卫街道、温泉街道、田横镇、田横岛旅游度假区及金口镇为主，辐射即墨区东部滨海区域。依托北阡大汶口文化、金口古港、雄崖所及明清古村落等历史文化资源，田横岛、大小管岛等海岛资源，鹤山、东京山、豹山、天柱山等山林山地资源，结合滨海岸线及蓝色硅谷新城风貌，营造"山海岛城"蓝色海岸旅游景观空间，突出其"海洋温泉"特色，培育康养度假健康生活方式，打造高端滨海养生度假旅游品牌。

依托滨海大道沿线港中旅海泉湾旅游度假区、温泉小镇、马术小镇、鳌山湾森林（农业）公园、鳌山湾未来城、温泉田横运动休闲特色小镇、森林康养小镇、田横岛旅游度假区、凤凰—雄崖文化旅游区及经济型度假酒店集群（拟开发）等系列大型旅游项目，积极开发海洋温泉康养、体育运动旅游、滨海休闲度假、海岛休闲旅游、历史文化旅游及海洋科普旅游等旅游产品。规划期内重点培育各类康养、医疗、运动、度假设施，积极推进田横岛二次旅游开发，积极引导丁字湾区域生态旅游发展，将本组团打造成国内知名的海洋康养度假旅游目的地；中远期，将其打造成为世界一流的海洋温泉康养度假旅游目的地。

（7）崂山风景区旅游组团。

以崂山风景区九大游览区为核心，辐射整个崂山区。依托崂山山林山地景观、滨海风景线、城市风光带及山海渔村风貌，营造"山海湾城村"旅游景观空间，以海上名山风情与山海渔村风貌为基底，突出仙居崂山、景社融合等理念，凸显山海观光、山地度假及道教文化特色。

依托崂山风景区九大游览区及大河东文化旅游小镇等特色项目，实施"上山下海"发展战略，积极发展登山健身旅游、康体养生旅游、道家禅修旅游、高端度假旅游及品质乡村旅游等旅游产品。规划期内重点按照规划对崂山风景区的基础设施、服务设施进行全面优化提升，同时推进包括沙子口街道、北宅街道范围内的重点旅游项目、重点特色旅游镇村的开发进度，加大淡季旅游项目的开发力度，全方位展开国际旅游营销活动，全面提升崂山旅游的国际化市场影响力；中远期，将本组团发展成为国际美誉度极高的山海文化旅游目的地。

（8）崂山王哥庄健康城旅游组团。

以崂山湾国际生态健康城为核心，涵盖王哥庄街道仰口以北范围及即墨区鹤山部分区域，辐射崂山湾区域。依托崂山山林山地景观、小岛湾与仰口湾海湾海滩资源、山海渔村风貌，紧紧围绕崂山湾国际生态健康城规划建设，营造"山海湾岛城"旅游景观空间，在"旅游＋生态＋健康"方向引领下，突出生态保护、景观塑造、强化配套、循环发展理念，强化健康旅游特色。

依托崂山湾国际生态健康城及仰口生态旅游休闲区等大型项目的开发建设，积极发展疗养度假、生态养生、健康养老及山海休闲等旅游产品。规划期内，在崂山湾国际生态健康城规划建设基础上，全面完善旅游基础设施与配套服务设施，全面强化生态环境保护与优化，奠定生态山海旅游城的发展基础，同时加快重点旅游项目的开发速度；中远期，将本组团全面打造成为国际领先的宜居宜游诗意栖居板块与东北亚国际高端康疗康养度假旅游目的地。

（9）世博园山地旅游组团。

以青岛世博园及百果山森林公园为核心，涵盖周边西、北、东三侧山地资源及李村河上游，辐射整个李沧区东部区域。依托世博园景区及百果山等山林山地、李村河等城市河流资源，营造"山河城"旅游景观空间，突出其"滨河山景城市"特色，培育城市四季休闲生活方式，打造高端山地度假旅游特色。

依托世博园、百果山森林公园、竹子庵公园等周边连片山林山地资源，规划建设"四季山景"森林步道系统，串联各重点旅游点。同时整合李村河公园等滨河生态资源，融合周边的民俗文化旅游资源，提升整个区域的文化底蕴，在此基础上积极开发山地观光休闲、山林高端度假、运动健康疗养及研学旅行、影视创作、房车营地等旅游产品。规划期内重点建设与完善山地慢行、滨河步道等基础设施，引导市场沿线开发休闲项目，引进国际高端度假产品，积极培育高端山地休闲与国际山野度假的产品与市场形象；中远期，将本组团打造成为国际化高端山林度假旅游目的地。

（10）城阳夏庄—惜福山地旅游组团。

以夏庄街道与惜福镇街道的崂山西北麓山系为主，辐射城阳区东部区域。依托毛公山等山林山地,山色峪、云头崮、棉花村等特色山村及各类采摘园资源,营造"山乡果林"旅游景观空间,整合各类山地景区、森林资源及采摘资源、民宿设施等,统筹打造一个大型的山乡生态休闲旅游组团。

依托毛公山风景区、驯虎山文化园、山色峪樱桃采摘园、宫山葡萄采摘园、少山杏采摘园、夏庄草莓采摘园等旅游园区,大力发展乡村采摘旅游、山地休闲旅游、森林研学旅游等乡村型、农业型旅游产品。规划期内重点对各类旅游景区按照国家标准规范进行提档升级,全面提升本组团的旅游市场形象,同时优化各类采摘园的内外景观环境、增加休闲体验旅游元素,发展成为品质乡村旅游的青岛典范,综合性探索"旅游+三农"发展的新路径;中远期,将本组团打造成为旅游带动乡村振兴的国内典范与国内知名的山村休闲旅游目的地。

(11)胶州洋河山水田园旅游组团。

以胶州市洋河镇为主要范围,辐射周边区域。依托洋河境内火山地貌山丘,遍布河流、湖泊与树林的生态环境优势,全面营造"山水田园"旅游景观空间,形成"全镇是公园、村村是景点"的全域乡村旅游发展格局。

依托艾山及东石、西石等山地型风景区资源及山相家、曲家炉等各具特色的乡村生态农业资源,积极开发山水游乐、乡村采摘、现代农业等各类休闲旅游综合体项目,重点发展山水田园观光、乡村休闲度假、健康运动养生、生态农业采摘等旅游产品。规划期内,按照生态乐游小镇及3A级旅游景区标准对全镇进行系统优化升级,全面提升全镇生态与卫生环境体系,树立起基础设施优良、配套服务完善、旅游环境优美的山水小镇形象,打造国内镇域型旅游景区典范。中远期,发展成为青岛的"品质乡村"示范镇、国家4A级旅游景区、国际乡村慢城,辐射提升周边区域乡村旅游品质。

(12)沽河生态中心旅游组团。

以平度市、莱西市、即墨区三地交汇、大小沽河两河交汇处为核心,涵盖3区市9乡镇(平度的古岘、仁兆、南村3个镇,莱西的店埠、院上、沽河3个镇,即墨的遗风店、段泊岚、蓝村3个镇)等滨河乡镇,辐射带动青岛北部乡村旅游发展。依托本区域丰富的河流水道资源:大小沽河干流及小沽河、五沽河、流浩河、洙河、猪拱河、助水河等支流,以及相关林地、湿地、田园资源,全面打造"山水林田湖村"旅游景观空间,借助地处青岛大沽河生态中心区域的区位优势,以"母亲河文化"为文化底蕴,打造青岛大沽河生态旅游中心区。

依托沽河三角洲湿地、段泊岚湿地、遗风店古槐林等优质的生态环境资源,太阳能农庄、山后韭菜特色农业示范园、东庄头果蔬科技示范产业园等现代化高科技农业园区,裕龙国际文化旅游度假区等现代度假设施等,积极开发湿地林地生态观光、滨水休闲度假、现代农业休闲及康体养生运动等旅游产品。规划期内,编制整片区的生态旅游规划,全面促进周边9个乡镇发展乡村生态旅游,整体打造大型"山水林田湖"生态田园旅游区,将其发展成为青岛市民的北部滨河游热点区域;中远期,将其打造成为青岛北部的生态旅游中心,辐射带动整个青岛北部乡村旅游的发展。

(13)平度大泽山旅游组团。

以平度大泽山为核心,整合云山、青山、天柱山等周边山林山地资源,统筹打造一个大型山地旅游组团。依托大泽山、云山、青山等山林山地景观,小沽河、尹府水库、黄同水库等河湖生态景观,营造一个山河湖村旅游景观空间,立足本区域的葡萄产业优势,充分挖掘书法文化、道家文化等历史文化资源价值,突出其山地休闲特色。

依托大泽山风景名胜区、大泽山葡萄小镇、天柱山景区、云山省级旅游度假区、茶山风景区及国家农业公园、蓝树谷·全国青少年社会职业体验中心、青山景区、旧店航空温泉小镇等项目,积极开发生态采摘旅游、农业观光旅游、品质乡村旅游、民俗文化旅游及营地休闲度假等乡村旅游产品。规划期内,推进山林山地生态保护性修复,环山打造系列美丽乡村,增加旅游元素,重点开发民宿度假、营地度假等各类休闲度假设施,打造国内知名的葡萄旅游名镇;中远期,以山地休闲漫游为核心,打造国际山地慢城。

(14)莱西湖旅游组团。

以莱西湖滨湖区域为核心,涵盖马连庄镇、河头店镇、日庄镇、南墅镇及水集街道等滨湖区域,辐射整个莱西北部。在严格水源地保护的基础上,依托莱西湖及周边河流湖泊生态景观、生态田园景观、大青山等山地资源及莱西城区风貌,营造"山河湖城"旅游生态空间,突出生态湖泊休闲特色,围绕"旅游+农业"发展系列农业旅游综合体。

依托莱西湖农业文化生态园、莱西湖坝下田园综合体、莱西市休闲体育公园、大青山森林公园、马连庄田园综合体等旅游项目,积极开发生态休闲观光旅游、滨湖康养度假旅游、民俗文化体验旅游等旅游产品。规划期内,按照生态圈层发展理念,顺序打造"生态保护—特色水岸—滨湖休闲—乡村旅游"四大圈层,重点规划建设特色滨湖水岸、康养度假设施及乡村旅游综合体,拉动周边乡镇旅游全面发展;中远期,将其打造成为著名的湖泊生态旅游休闲目的地。

(15)莱西姜山湿地旅游组团。

以莱西姜山湿地为核心,涵盖姜山镇及夏格庄镇,辐射整个莱西南部区域。依托姜山湿地生态景观,结合姜山新城及周边新型村镇建设,营造"湿地新城"旅游空间,突出其康疗度假特色。

依托姜山文旅小镇、中国—塞尔维亚文化村、鲜多多农场、山后韭菜生态休闲农业园等项目,积极开发湿地观光、康体养生医疗旅游、休闲体育运动旅游等旅游产品。规划期内,重点引进文旅类、康疗类、体育类及现代农业类项目,形成规模集聚效应,发展成为青岛北部旅游的一个重要旅游目的地;中远期,将其发展成为产城融合的宜居宜游的生态新家园、生态型康疗度假旅游的国际品牌。

1.3.3 全方位公共服务

以游客与居民共建共享为核心理念,加速推进旅游公共服务体系建设,全面构建结构完善、高效普惠、集约共享、便利可及、全域覆盖、标准规范的旅游公共服务体系,推动旅游公共服务信息化、品质化、均等化、全域化、现代化、国际化发展,让旅游发展成果惠及各方,让游客更满意、居民得实惠、企业有发展、百业添效益、政府增税收,形成旅游业共建共享新格局,将青岛发展成为一个安心、放心、贴心、开心、舒心的优质旅游城市。

(1)旅游公共交通服务体系。

推动旅游业和交通运输业深度融合、相互促进、共同转型升级,打造一个覆盖全域、全面畅达的"快行慢游"的旅游交通网络体系,为游客及市民提供全域便捷的旅游交通体验。

依托高铁、城铁、民航、高等级道路等构建海陆空"快进"交通网络,推进城市及国道、省道至 A 级景区、乡村旅游点之间的连接道路建设,实现城市中心区、机场、车站、码头等到主要旅游景区、旅游度假区、乡村旅游点等以及景区、乡村旅游点之间的交通无缝衔接，解决旅游"最后一公里"问题，全面提高旅游的通达性和便捷性。

依托滨海大道、大沽河堤顶路、环湾绿道、西海岸蓝湾路等城市慢行系统，综合打造旅游"慢游"风景道交通体系，完善自行车道、步行道等基础设施；围绕重点旅游区域、重点旅游线路、重点旅游景区配套需求，依托高速公路和高等级旅游主干道，在景区、度假区聚集区附近规划建设一批旅游停车场、自驾车和房车营地，增加休闲游憩、餐饮购物、停车换乘、维护保养、安全救援等配套服务，形成"吃住行游购娱厕"于一体的"慢游"旅游功能。

按照"陆海统筹、分步实施、重点推进、形成体系"的思路，推进海上交通体系规划编制，整合码头岸线资源，完善基础设施建设，开辟规范海上航线，形成勾连"一湾二山一线"（即胶州湾、崂山、珠山，以及东起即墨丁字湾、西至黄岛琅琊台的海岸线）、串联三城、主要海岛、连接邮轮母港的海上交通循环体系。

依托机场、铁路客运站、公路客运站、国际邮轮母港、滨海旅游码头等复合交通枢纽，规划建设多层次的旅游集散中心。依托火车站旅游汽车站、栈桥广场停车场、西海岸汽车总站、汽车东站旅游集散中心等资源，优化旅游观光巴士线路布局，设置旅游接驳线路，增开直达景区、度假区的旅游专线直通车，构建起一个体系健全、功能完善的旅游集散体系。

推进旅游道路标识建设，参照国标，重点规范区域旅游交通标识，设置国际通行、中英对照的交通引导标识。完善重要交通节点、换乘点的旅游交通导览图，建立健全3A级以上主要景区、主要乡村旅游点的旅游交通引导标识系统。

（2）旅游公共信息服务体系。

完善以旅游咨询中心为基础的线下旅游公共信息服务窗口，到2021年，全市旅游信息咨询中心数量力争达到100个，基本形成涵盖机场、火车站、地铁站、汽车站、高速公路服务区以及人流密集区、3A级以上景区、重点乡村旅游点的旅游咨询服务网络。

打造基于大数据技术的旅游经济运行采集分析应用平台，形成以游客、旅游企业、旅游行政管理部门为主体的旅游产业数据采集、整合、分析和应用体系。依托旅游大数据集成及应用平台，形成快速信息反馈、行业运行监测和政策绩效评估在内的旅游宏观调控体系,创新引导产业发展和优化行业管理方式。

加快无线网络、多语种无线导游服务等设施建设,提升景区、酒店、旅游度假区等重点场所的免费 WIFI 覆盖率,探索 WIFI 广告利用模式;完善 4A 级以上景区、市级以上乡村旅游点智能导游、电子讲解、在线预订、信息推送等服务功能;建设青岛市智慧旅游服务平台、管理平台、营销平台。到 2021 年,4A 级以上景区和市级以上乡村旅游点实现免费无线局域网、智能导游、电子讲解、在线预订、信息推送等功能全覆盖。

(3)旅游安全保障服务体系。

加强旅游安全防范,建立健全热点景区景点最大承载量警示信息发布平台,及时发布景区景点承载量信息和旅游安全提示信息,引导游客安全有序旅行。落实旅游企业安全培训责任制,实现一线从业人员旅游安全知识培训全覆盖。加强旅游安全监管,建立健全旅游用车联合检查制度,全面推动旅游客运汽车安装具有行驶记录功能的卫星定位装置并实行联网联控。强化对景区游乐设施和高风险旅游项目的安全监管,加强大型旅游节庆活动的安全管理。

推动将旅游应急管理纳入政府应急管理体制,建立健全多部门协同的旅游应急处置机制,制定应急预案,加强对应急预案执行情况的督导检查,推动旅游企业建立应急队伍,完善应急救援设施设备,加强应急培训和演练。综合运用公安、医疗、消防等救援力量和专业化救援队伍,切实做好旅游突发事件应急救援工作。通过分类管理发挥公共救援、公益救援、商业救援等不同类型旅游救援机构的优势,推动青岛全域旅游救援工作的专业化、精细化和体系化推进。

深化旅游保险合作机制,通过个性化旅游保障满足不同区域、不同旅游形式、不同承受能力的旅游者所需的多元、丰富的旅游救援保险产品,提高保险保障额度,扩大保险覆盖范围,提升保险理赔服务水平。加强投保旅游责任险工作,确保旅行社责任险统保示范项目统保率达到 100%。推动旅游景区、宾馆饭店、旅游交通及高风险旅游项目等经营者实施责任保险制度。推广利用商业保险等方式做好境外救援工作。

（4）旅游便民惠民服务体系。

推动更多城市公园、博物馆、纪念馆、爱国主义教育基地、公共体育运动场馆等免费开放或设立免费开放日，扩大青岛"旅游一卡通"商家加盟范围，推动更多景区推出旅游年卡以及一日游、多日游等优惠卡。落实签证便利政策，便捷旅游出行。支持琴岛通卡等支付工具开发更多旅游支付产品。加大旅游商品创意研发力度，举办青岛特色旅游商品评选活动，搭建旅游商品在线平台，推广旅游商品专柜，通过线上线下双渠道促进旅游购物活动便捷化。办好"旅游惠民月"活动，推出更多针对特殊人群与本地市民的旅游优惠政策。

加强政策引导、标准规范、技术创新、典型示范，持续推进"厕所革命"，实现"数量充足、分布合理、管理有效、服务到位、卫生环保、如厕文明"的目标，到2021年城市建成区每平方千米公厕数量达到4座。鼓励企业、社会团体积极参与旅游厕所建设和管理，将"厕所革命"由景区向城市推进，作为乡村振兴战略的具体工作推进，全面提升旅游景区、旅游交通沿线、旅游集散地、乡村旅游点等区域旅游厕所建设管理的标准化水平。将旅游厕所建设管理纳入A级景区、旅游度假区、特色旅游目的地、乡村旅游点、星级饭店等创建与评定体系，实行一票否决。

围绕旅游全产业链，加强创业辅导与旅游培训，鼓励各类旅游产业孵化器、旅游文创示范园、旅游科技示范园、旅游创业示范园及示范企业、示范基地等项目的开发，鼓励旅游企业家、投资人和专家学者担任旅游创客导师，推动促进旅游就业创业。鼓励旅游企业和城市居民参与乡村旅游开发活动，帮扶农民创业，培育一批乡村旅游经营实体，通过组织招聘和提供培训服务，引导和帮助社区居民在旅游行业就业。

（5）旅游行政服务体系。

加强旅游与公安、城市管理、交通运输、商务、安全监管、食品药品监管、工商、质监、物价等部门的联动合作，协同推进旅游信息、便捷交通、安全保障等惠民便民服务措施，全面提升无障碍旅游服务水平。强化旅游综合执法和属地监管，着力整治旅游市场的热点、难点问题，不断优化旅游市场环境。

以政务服务热线12345为载体，整合全市涉旅部门非紧急对外公开服务电话，实现热线资源整合优化，涉旅信息实时共享，统一受理全市旅游方面的咨询、求助、举报、投诉和建议，实现"一个号码对外、一个平台接入、一个单子转办、一个体系督查"，提高旅游投诉处理效能。加强行政调解与司法诉讼联动对接，构筑旅游投诉行政调解与法院审理的便捷通道。健全完善旅行社责任险调解处理、垫付资金管理等制度，提升游客与旅行社、旅行社与保险公司之间民事纠纷的调解处置效率。

建立健全旅游行业信用信息系统，形成黑名单制度，加大对严重市场失信行为及游客不文明行为的曝光与惩戒力度，提高公共服务能力，维护旅游市场的正常秩序。健全旅游企业和导游、领队信息数据库建设，完善信用信息登陆、检索、查询功能，同时加强与工商、税务、公安等部门的相关数据交换。健全景区、旅行社、餐饮企业、酒店住宿设施等信用信息数据档案，实现信用记录的全覆盖和电子化存储并向社会公开，接受社会监督，充分利用全国旅游服务质量社会监督服务系统，强化监督力量，扩展监督范围。

1.3.4 全渠道营销体系

（1）旅游城市形象定位。

结合国家旅游局提出的"新时代、新旅游、新获得""全域旅游、全新追求"等旅游营销主题，紧紧围绕"把青岛打造成为更加富有活力、更加时尚美丽、更加独具魅力的国际一流滨海度假旅游胜地"的目标，讲好青岛故事，讲全青岛优势，讲足青岛能力，彰显青岛形象，进一步明确青岛旅游城市形象定位：

——可完美体验的时尚国际性港口城市

——可诗意畅游的美丽滨海度假旅游城市

——可深情触摸的国家历史文化名城

——可深切感受的国家沿海重要的中心城市

（2）旅游品牌营销。

以"红瓦绿树、碧海蓝天——追梦青岛"主题形象为主打品牌，传承城市人文自然内涵，彰显多元化旅游资源特色。围绕主题旅游品牌，打造包括"海洋之都""帆船之都""啤酒之都""文化之都""浪漫之都""休闲之都""影视之都"等系列子品牌，将"青岛啤酒的故乡"作为面向国际市场主打品牌。按照"政府指导、市场主体、品牌主旨、产品主打"原则，注入现代旅游元素，实现青岛旅游形象的全方位渗透、全过程贯通,持续提升城市旅游吸引力,扩大青岛旅游在国内外的影响力、知名度和美誉度。

（3）营销方式创新。

不断开发完善青岛旅游产品体系,加强对涉旅宣传各方力量的整合引导,面向国内外精准营销。持续强化城市旅游主题形象宣传,积极创新开展事件营销等专题营销活动。充分利用电视、报刊、广播等传统媒体和网站、微博、微信等新媒体以及展会、路演等各类渠道和载体,开展城市旅游形象和要素营销,通过加强与淘宝、携程、同城、腾讯等知名旅游网站战略合作,搭建营销推广平台,拓展智慧营销体系。深化与青啤、海信等企业集团以及文化旅游创意企业的合作,组织开展系列特色宣传推广活动。积极推进青岛旅游网站与友好城市、世界各大旅游网站的链接,建立面向不同市场的宣传网页,提供及时便捷的旅游营销信息,推介特色旅游产品,展示城市旅游形象。建立"智慧旅游"营销系统,提供全方位、大容量、个性化的智慧旅游营销信息,增强旅游网络信息查询和预订功能。建立海内外营销长效机制,不断提升旅游营销的整体性和系统性,形成线上线下结合、海内外相衔接的目的地营销体系。

开展"漫步青岛"全球递书活动等创意营销活动,不断探索旅游宣传营销新渠道、新方法。充分利用新技术、新创意,结合青岛国际化旅游城市的特点,把基于人脸识别系统新技术的青岛景区"旅游脸卡"等作为整合营销推广青岛旅游的新平台,推动企业创新推出面向外国游客的国际版旅游卡等,为海内外游客提供更加便利的旅游服务。

（4）巩固拓展国内市场。

以山东省内市场、直辖市、省会首府城市、计划单列市以及经济发达地区的二线城市等为重点客源市场开展国内市场营销,主推休闲度假旅游、海洋旅游、观光旅游、节会旅游、邮轮旅游等产品。针对本市市场,重点营销乡村度假、温泉度假、休闲购物、生态旅游、运动健身等旅游产品;旅游淡旺季采取差异化营销策略和灵活营销措施,吸引旅游客源。

深化山东半岛城市旅游区域合作联盟,建立完善更为务实高效的区域旅游合作机制,加强与东三省、京津冀、长江经济带等国内重点客源市场的区域合作,发挥中国旅游城市新媒体营销联盟的优势,加强联盟成员合作和旅游宣传推广,推动地区间营销协作和旅游营销一体化发展,通过联合促销,促进优势互补、客源共享,实现互利共赢。

（5）积极开拓入境市场。

巩固提升韩、日等传统客源市场,积极开拓欧美、东南亚等客源市场,打造满足多样化需求的精品旅游线路。针对韩、日和东南亚市场,重点组织观光、休闲度假、节庆会展、历史文化、研学等专题营销;针对俄罗斯等市场,重点推介海滨度假、康体疗养等主题旅游产品;针对欧洲和北美市场,重点营销度假、帆船、啤酒、商务、邮轮等主题旅游产品。

加强与重点客源国驻华使领馆、国家旅游局驻外办事机构、省旅发委海外营销中心、知名媒体海外发行中心、相关单位驻外机构的宣传联络,组织参加各类国际旅游展,针对重点客源市场,配合洲际直航航线开通,开展境外旅游专题营销,通过重点旅行商推广特色旅游线路产品,通过全球知名专业旅游网站等平台向世界展示青岛旅游美好形象。积极争取144小时过境免签政策等便利政策。拓展扩大免税店覆盖面和规模,吸引过境旅游、商务客源。

（6）强化专项产品营销。

加强与各类旅游协会等社会组织和企业沟通协作,发挥协会和企业作用,开发高尔夫市场、自驾游市场、老年旅游市场、户外运动旅游市场、游艇帆船旅游市场、康养旅游市场、婚庆旅游市场、教育旅游市场、邮轮旅游等专项市场。针对客源地的大型企业,围绕会奖旅游、商务会议旅游等制定专门的促销计划,全面拓展客源地的企业机构市场,带动其他市场发展。充分利用青岛国际啤酒节、青岛国际帆船周、青岛国际海洋节等特色节庆和体育赛事,田横祭海节、大泽山葡萄节、洋河乡村慢生活体验节、藏马山音乐节等乡村休闲节会,加大营销力度,增强旅游宣传营销效果。

1.3.5　全覆盖保障措施

（1）加强组织领导。

推动建立党政主导、部门协同、整体联动、齐抓共管的全域旅游工作机制,完善旅游工作领导小组及办公室议事规则和协调配合机制,定期召开旅游工作领导小组联席会议,强化综合、协调、指导、督办职能,及时解决各类突出问题,形成"全面抓、全面管、全面建"的统筹推进工作机制。落实全域旅游示范创建工作目标责任制,将发展全域旅游作为各级政府相关部门的重要发展目标和重要考核内容,制定量化考核标准,进行监督考核通报制度。

(2)创新管理体制。

建立横向贯通的综合协调机制、纵向承接的旅游管理体制,推动旅游管理部门由单一行业管理转变为产业促进、资源统筹、发展协调和服务监管部门。着力强化四个方面的综合职能:强化规划统筹职能,加强对旅游规划的实施监督和评估,推动建立多规合一的衔接融合体系;强化要素整合职能,促进旅游资源科学利用和旅游产品的有序开发;强化投资引导职能,发挥市场对资源配置的决定性作用;强化区域协调职能,促进区域旅游协同发展。探索实施"1+3+N"旅游市场监管体制,推进落实旅游执法纳入区(市)综合执法实现属地监管。支持旅游行业协会在加强行业自律、创新行业管理等方面发挥更大作用。

(3)加大政策扶持。

制定《关于推动旅游业优质高效发展若干政策措施的意见》,在旅游规划编制、旅游用地保障、旅游融资渠道、旅游项目信贷、落实税收优惠政策、旅游基础设施投资、旅游人才培训等各方面向全域旅游发展倾斜。依托青岛市旅游产业发展引导基金,广泛吸引各类社会资本,拓宽旅游企业融资渠道,扶持符合旅游产业发展战略的重点项目建设。推广旅游基础设施和公共服务的PPP投融资模式,加快重大旅游基础项目建设。推动旅游企业在主板、中小企业板、创业板挂牌上市,利用蓝海股权交易中心促进旅游业要素流通和优势聚集。

(4)壮大市场主体。

积极培育本土大型综合性旅游投资企业,同时大力引进大型旅游企业集团、连锁酒店、OTA旅游电商平台等旅游企业在青设立独立法人资格的全国性、区域性总部。鼓励旅游企业上市融资,提升旅游企业的集团化、国际化发展水平。引导传统旅行社转型发展,整合产业链上下游资源要素,开展多元经营,提升市场竞争力;引导旅行社开展邮轮旅游、会展旅游、度假接待旅游等专项业务,拓展专业服务领域;支持旅行社企业实施品牌化战略,提高知名度和美誉度,打造旅行社企业品牌。

（5）扩大人才队伍。

创新人才引进扶持机制，加大对创新创业人才的政策倾斜，落实国家"万名旅游英才计划"政策，引导设立旅游人才发展基金；落实导游人才自由执业相关政策，实行导游人员有序流动的开放式管理；鼓励支持旅游企业开展游学考察。依托青岛高等院校旅游教育资源优势，建立青岛市旅游智库，广泛开展产学研合作。完善旅游研究、应用人才培养体系，加强旅游人才培训基地建设，打造中国北方旅游人才培训交流中心。

（6）拓展对外交流。

以推进实施"一带一路"倡议行动计划为重点，结合自贸区建设，加强与沿线城市的旅游双向合作，深化旅游合作共建内容，扩大旅游服务输出半径，打造对外旅游合作新亮点。抓住国家级邮轮旅游发展实验区先行先试契机，加速邮轮港口及配套体系的优化提升，打造北方国际邮轮旅游集散地。不断强化区域旅游合作，深化山东半岛城市旅游区域联盟合作，依托未来胶东国际空港，加强交通、信息等旅游公共服务体系建设，构建半岛"一程多站"无障碍旅游服务体系。

（7）强化环境保护。

坚定地把"绿水青山就是金山银山"的旅游可持续发展理念贯穿到旅游规划、开发、管理、服务全过程，践行绿色旅游发展观，引导绿色旅游消费观，推动绿色旅游产品体系建设，加大生态旅游示范区建设，开展绿色旅游景区建设，修订旅游景区服务质量等级评定标准，加大环境保护力度要求，引导旅游者低碳出行，形成绿色旅游消费自觉。

在旅游开发和旅游消费过程中，坚持保护优先、开发服从保护的原则，对不同类型的旅游资源开发活动进行分类指导，强化环境保护，包括：旅游岸线保护，严格保护沿岸沙滩、湿地、礁石、林带等资源和自然岸段风貌；保护城市山林和海滨旅游区，留足沿海岸段旅游发展空间，保留并扩大公众共享空间；避免滨海公路的主干道和过境交通道路穿过主要旅游区造成城海阻隔，保障居民和游客的亲水需要；城市风貌保护，老城区加强优秀历史建筑和历史城区风貌的保护与修复，停止在保护区内改建、插建风格与整体风貌不协调的建筑；新城区注重对实现通廊标志性建筑和景点的建筑物设计，营造优美的城市景观和轮廓线；海洋环境保护，保护自然地质地貌、生物栖息地和水动力环境,停止采填近海山体、沙滩、湿地和礁石;海岛开发必须进行严格的环境影响评价和环境容量测算;旅游环境保护,旅游景区等项目的开发规划建设要进行环境影响评价,严禁在旅游区和度假区建设污染环境、破坏生态的项目;特色旅游小镇的开发建设要保持和彰显特色,保护传统格局、历史文化遗产与历史风貌;大力倡导低碳和环境友好的旅游方式,旅游活动应当限制在环境容量许可的范围内;景区点、宾馆饭店和旅行社等旅游企业,要引导游客绿色旅游,文明旅游,理性消费,节约资源,保护环境;文化遗产保护,对古建筑、古遗址、名人故居、工业文化遗产及古村落等历史文化资源,加大保护资金投入,提高技术保护与安全保护能力,禁止乱搭乱建与随意开发的破坏行为;对濒临消失的各非物质文化遗产资源,加强抢救性保护工作;收集并整理民间传说故事、民间名人事迹、民间风土习俗、民间乡土戏曲、民间手工艺品等内容,建立文化传承激励体制,投入资金实施相关人才的保护性培养计划,建设相关的保护性展示场馆。

2

青岛市旅游产业发展的理论基础

2.1 旅游产业集群

2.1.1 集群发展与创新

（1）旅游产业集群演化。

Porter（1990）提出产业集群是某区域、某行业相互联系的组织集合在一起，形成持续竞争优势；其后续研究总结了产业集群的四个基本特征，即要素的空间集聚、组织之间的竞争合作、产业链和创新。姚云浩（2015）提出旅游产业集群以旅游吸引物为核心，核心企业与周边组织在地理上聚集，有分工、有合作，形成网络，以完整的产业链向消费者提供产品和服务。旅游产业集群是一种中间性组织，集群内部的分工合作比市场自发的分工合作更加持久稳定，比企业内部的分工合作更加灵活（姚云浩，2016）。本书据此提出旅游产业集群的定义，即围绕特定区域旅游资源，以持续竞争优势为目标，旅游企业等相关组织形成的网络。

石建中、邢萍（2006）认为形成旅游产业集群的条件主要包括：旅游资源、市场需求、政策支持、产业关联、旅游基础设施等。陈秀琼（2007）认为社会参与和创新的地区文化也有重要作用。查方勇（2009）引入时间维度，认为旅游产业集群发展会经历萌芽期、形成和发展期、成熟期、创新期、灭亡期等不同阶段，每个发展阶段有不同的特征。柏玲（2007）认为社会制度、文化和网络等社会因素会影响产业集群动态演化过程。赵书虹（2009）详细分析了每个阶段的差异：在萌芽初期，旅游资源和劳动力是核心要素，企业简单聚集在旅游景点附近；在形成和发展阶段，企业数量和产业规模扩大，分工程度提高；

在成熟阶段,产业链更加细化,集群内部高度细分,成员相互依赖,正的外部性非常显著;在创新阶段,创新扩散速度加快,专用性极高的人力资源和知识资本成为核心要素,集群的独占性显现。

(2)旅游产业集群创新。

尹贻梅等(2006)认为从时间的维度分析旅游产业集群,虽然有助于考察各个阶段的差异,但是,如果不能考察集群微观主体的行为和决策,那么就无法深入探究驱动集群演化的内在机制。杨琴(2010)认为企业创新是集群发展演化的关键,因为满足旅游者的需求是旅游产业集群的核心使命,而旅游者的需求是不断变化的,因此企业创新不仅决定了企业的生存,也决定了集群的整体发展。柳卸林(1993)认为企业创新只要对决策企业自身是新的,只要企业有所改进就是创新,哪怕别的企业已经采用过。王辑慈(2002)提出企业创新必须体现市场价值,不创造市场价值的创新只能算是创新失误。Rogers(2003)指出,只要信息的接收者认为知识是新的,那么它就是创新,哪怕这种创新被其他信息接收者采纳过,创新的扩散受到经济、社会、政治、文化、技术等多种因素影响。《奥斯陆手册》(2005)认为创新的必要条件是对公司有显著改善。熊彼特的创新理论则包括产品、市场、技术、资源配置和组织创新(周三多,2008)。基于以上分析,一个旅游企业开发出新产品、采用新的管理方法、拓展了新的营销渠道,只要对自身而言是新的,就称得上是创新。

基于熊彼特的创新理论,旅游产业集群的创新不仅包括技术创新,还包括产品、管理和制度等多方面的创新。范存波(2009)认为旅游产业集群创新的主要内容是产品创新。旅游产业集群的最终产品包括核心产品和附加产品,产品创新的对象既可以是核心产品也可以是附加产品,创新的方式既可以是完全颠覆也可以是部分改进,产品创新之后自然会引发生产、营销等其他领域的多方面创新。王兆峰(2009)认为旅游产业集群的创新包括技术、产品、营销、管理、制度等多个方面。旅游产业集群创新的主体是旅游企业。Akbaba(2012)认为旅游企业一般呈现小规模、独立家庭经营、季节波动等特征,旅游产业中的主体则更是小企业。既有研究表明,企业规模显著影响企业创新行为和水平。Thornburn(2005)考察了5个旅游小企业,发现小企业的生命周期影响创新模式,旅游小企业刚建立时常见的是激进性创新,成长和发展过程中常见的是渐进性创新。David 和 Laddawan（2009）考察了泰国5个旅游企业，发现企业规模影响技术创新的驱动机制，供货商、经销商、消费者、竞争者等外部驱动力推动小企业采用信息通信技术（ICT），内部因素推动大企业采用信息通信技术（ICT），小企业可以与外部的技术提供商合作增加技术创新。

旅游产业集群是围绕特定区域旅游资源，以持续竞争优势为目标，旅游企业等相关组织形成的网络，其创新行为也形成一个系统。王志凡（2009）认为集群创新系统与单个企业的创新系统不同，前者可以配置的资源更多，创新主体不仅有旅游企业，政府和旅游者也参与其中。集群创新行为具有显著的正外部性，对集群外部利益主体有正面影响。阎友兵、王志凡（2009）构建了三重螺旋模型的旅游产业集群创新系统，包括科技螺旋——高校和研究机构，生产螺旋——旅游企业等其他产业机构，行政螺旋——政府及其机构，三个子系统相互作用，共同形成集群创新网络系统。他们发现集群创新的主要驱动因素是消费者需求、企业自身的逐利性和政府的推动。宋伟、范存波（2012）认为集群中的多元主体不仅有分工，有竞争，还有合作，这种行为模式有助于知识的生产和传播，集群的创新能力优于单个企业创新能力的简单叠加。陈丽华（2011）应用系统理论考察桂林旅游产业集群创新，发现旅游产业创新体系的核心是旅游景区管理和企业经营机制，生态补偿机制是创新系统的必备条件，会展等活动可以有效拉动集群创新，信息技术和区域联动有助于放大创新的效应。集群外部产业部门和公共部门的创新也会促进旅游产业集群内部创新。信息技术进步推动的自动化、智能化营运，自助服务设备、机器人的广泛应用与服务业，有助于旅游过程创新。服务科学发展催生的管理新理念、新方法，推动旅游管理创新。可持续科学提出了绿色、低碳、生态、环保等一系列新型消费模式，激发了旅游产品创新。党中央从扶贫到精准扶贫的范式转变，引领旅游制度创新。

2.1.2 发展动力机制

集群动力机制是推动产业集群形成、成长和演化的各种要素及其关系的总和。旅游产业集群的动力机制驱动旅游企业等相关组织、资源在特定区域集聚，形成群体的竞争优势；并推动集群创新升级。刘恒江、陈继祥（2005）认为存在两类产业集群动力机制:一是内部机制,即通过集群内部的竞争合作、学习、创新等创造并维持竞争优势,二是外部机制,即通过政府、企业等外部利益相关者推动集群成长。

(1)要素驱动机制。

旅游资源和乡村区位是决定旅游产业集群发展的核心要素,因为旅游资源和区位决定了是否能吸引足够的旅游者。

乡村的自然资源和环境显著影响旅游产业集群的形成、发展与演进。首先,自然资源是旅游的基础,旅游资源越丰富,旅游产业空间集聚的可能性越高。乡村的自然资源禀赋水平与旅游企业参与意愿正相关,资源禀赋水平越高,对游客的吸引力越大,旅游企业就越愿意投资开发,参与当地的集群。其次,风景优美的地区往往自然灾害发生较为频繁,自然灾害严重抑制旅游产业集群发展。在旅游产业集群中,各企业和相关组织之间联系密切,彼此相互依存,一旦自然灾害发生,损害将沿着产业链条传递放大,整体系统都将受损,因此,旅游产业集群的布局与成长和环境关系密切。

区位主要包括市场、交通和地理三个维度。从市场维度看,旅游产业是市场驱动的产业,客源地和目的地的社会经济文化发展程度、旅游业水平等,共同决定了旅游产业的发展规模和水平。旅游产业集群发展,必须综合考虑客源地和目的地的旅游市场水平,优化目的地旅游资源开发,提供最有水平的旅游产品和服务。从交通维度看,旅游产业的空间模式是游客围绕旅游资源转移,旅游产品固定,旅游消费者物理移动,因此,交通便利才能驱动旅游企业及其相关组织空间集聚,交通条件显著影响旅游产业集群发展。从地理维度看,旅游消费者距离旅游资源越近,旅游成行的可能性越高,反之则越低,因此地理位置越优越,越可能形成旅游产业集群。

(2)市场驱动机制。

对集群内企业而言,旅游产业集群的目的是形成和维持竞争优势,对游客而言,旅游产业集群的功能在于更好地满足游客需求,因此,市场是集群形成和发展的重要驱动力。首先,旅游产业集群形成必须与游客的需求匹配,满足游客需求集群才能生存,旅游产业所需资金、项目和人才要契合游客消费偏好与习惯、宏观市场的消费实力与层次。目前,多样化、个性化成为旅游需求的主旋律,经历和体验成为游客的心理需求,旅游必须针对此变化开发新产品、新服务,做出回应。其次,旅游产业集群的发展离不开完善的旅游市场机制。市场机制保障公平合作与竞争,促进旅游产业集群的各类主体企业及其他组织机构良性互动,形成协同效应,也保障集群与集群的公平竞争互动,依靠市场形成相对的资源优势、成本优势和区域品牌优势等。所以旅游产业集群的形成必须以市场为导向,如果不能满足旅游者需求,微观企业就不能生存,如果不能更好地满足旅游者需求,产业集群就无法形成竞争优势,也就失去了产业集聚的意义。

(3)政府驱动机制。

旅游产业既需要市场驱动,又离不开政府支持。在旅游产业的供需博弈中,消费者往往处于劣势地位,利益容易受损,政府采取适当手段保护消费者是旅游业发展的必然选择。同时,政府综合采用各种行政手段干预旅游产业发展,具体包括旅游资源开发与管理、旅游产业规划、旅游企业政策支持和市场开拓等。一般的,在战略层面,政府制定旅游规划,确定产业发展目标,预测未来产业发展,协调要素、信息和游客,构建发展框架;在战术层面,土地、税收、资金、技术等资源需要政府向集群内企业及其相关组织提供,政府还设定标准和规范,约束企业微观行为,保证集群满足游客需求的水准。

人才、技术、资金、知识等资源是旅游产业集群的基本要素,获取这些资源离不开政府。首先,旅游业是人力资本密集行业,专用性、高质量的人力资本是决定旅游业成败的必要条件,产业集群所在区域内专业化的劳动力市场提供基本的人力资源;其次,旅游离不开基础设置,景区、景点需要供电、供水、供气、垃圾污水处理,旅游接待需要交通、宾馆、饭店,沟通交流需要电信、电视等信息服务设施,而提供基础设施则是政府的职能;再次,集群内部需要建立规范的网络关系,集群成员共享产业发展动态信息,协调竞争与合作,学习新知识,共享成功经验。政府推动成立行业协会,由行业协会制定标准,协调约束成员行为。还有,旅游企业创新植根于所在地域的文化。我国幅员辽阔,各地旅游资源各异,区域文化差异明显,显著影响企业创新行为。于晓宇(2011)发现,具有集体主义文化环境的企业通常采用渐进型创新战略,具有个人主义文化环境的企业通常采用激进型创新战略。集群内成员之间的网络关系通常具有宽容失败、平等开放的特点,有利于形成鼓励创新、勇于冒险的文化氛围,从而促进集群创新,形成并维持集群竞争优势。

　　近年来，各级地方政府积极探索利用公共政策推动旅游发展，已经积累了丰富的经验。例如，青岛市崂山区制定并实施了一系列激励旅游发展的政策措施，扶持旅游发展。一是年度从财政预算中预留项目扶持资金，加大对项目规划、旅游标识、休闲设施的扶持力度。目前，已扶持发展了东麦窑仙居崂山民宿、青山渔村、二龙山景区、二月二农场、会场渔村、港东渔码头、大崂樱桃园等旅游景区（点）。二是鼓励村集体、有实力的企业和个人入股各类旅游项目建设，并抓好道路修建、生态保护、农村改厕等配套工作，保障游客进得来、出得去、住得下。三是制定了《崂山区星级农（渔）家宴评定标准》《崂山区星级农（渔）家宴管理办法》等行业标准，对生态园、农家宴、家庭旅馆等实行统一规范、统一挂牌、统一管理，推动旅游的规范经营。

　　再比如，青岛市黄岛区出台扶持政策，助推旅游升级。黄岛区将旅游作为民生工程进行扶持。2013年，该区在青岛各区（市）中率先出台了《关于扶持旅游业率先科学发展的意见》，设立2000万元的旅游发展专项资金，重点鼓励旅游景区（点）开发、旅游基础设施建设、品牌打造、旅游商品开发等方面。2015年，又在各区（市）中率先出台了《关于支持住宿餐饮业发展的意见》，重点鼓励特色业态旅游产品开发，如社会资源产品化、康体养生旅游、海洋旅游等，鼓励举办节庆会展活动，支持旅行社做大做强，支持住宿餐饮企业"上台阶"。2016年，在落实《关于支持住宿餐饮业发展的意见》基础上，经过反复调研论证出台了《关于加快旅游业创新发展的意见》（简称《意见》）及《关于加快旅游业创新发展的意见的实施细则》，紧扣新区旅游业发展实际和度假旅游目的地的发展定位，从构建度假目的地产品体系、服务平台、创新旅游营销推介机制和提升旅游度假品质等多方面制定激励措施，方向明确，创新性强，这必将有利于破解制约西海岸旅游发展的难题，强力推进新区旅游业高速发展。该《意见》出台在省内属首创。上述政策扶持进一步加大了对发展旅游的引导力度，为促进全区旅游的持续健康发展创造了良好的条件。

　　黄岛区还进一步加大财政投入，完善旅游配套设施，推动旅游产业发展。一是完善旅游道路的建设，由财政投资约10亿元先后完成灵山岛环岛路、开城路等旅游聚集区的旅游道路建设，增强到达主要旅游景区（点）的可进入性。二是完善旅游导向系统,区财政投资近 300 万元,进一步完善滨海大道、开城路、204 国道、329 省道等旅游主干道的旅游导向系统,加强对各旅游景区(点)导向。三是完善游客咨询服务中心建设,通过财政投资建设或者社会投资建设＋财政补贴的方式建成并投入运营游客咨询服务中心 6 处,大大方便了游客咨询服务。四是完善旅游停车场建设,通过争取上级旅游专项资金＋地方配套资金建设的方式或者由区财政投资建设的方式或者社会资金投资建设的方式先后完成大型生态停车场建设 5 处,有效缓解了停车难的问题。

2.2 旅游产业链

2.2.1 概念界定

(1)旅游产业链与旅游价值链。

产业链理论源于价值链理论。Porter（1985)认为企业竞争优势决定了企业的生存和发展能力,要想识别企业的竞争优势,就需要将企业分解为由一系列价值活动构成的价值链,价值链理论帮助企业识别自身产生价值的部分和不能产生价值的部分,为系统优化提供了可能。Porter（1985)提出企业的生产、营销、运输和售后服务等活动是价值链的基础环节,而生产要素供给、技术、人力资源等活动则是价值链的支持环节,企业通过配置这些活动形成竞争优势。Porter 主张企业采用垂直集成的生产方式延长价值链。马梅（2004)认为旅游价值链分为三个层次:基本价值链、可变价值链和延伸价值链。基本价值链是从旅游实体到旅游中介的价值链环节,通过两类旅游企业间的交易关系衔接。可变价值链是旅游实体之间的价值链连接。按照狭义的旅游产业定义,可变价值链包括围绕吃、住、行、游、购、娱等各环节的企业和组织,企业也可以对吃、住、行、游、购、娱等进行组合形成短链,如行、游组合,吃、住组合,购、娱组合等(罗光华,2009)。按照广义的旅游产业定义,旅游产业链还可以包括金融、保险、商品等环节,狭义的旅游产业和广义的旅游产业各环节自由组合,即为延伸价值链。黄蕾(2004)认为旅游产业的价值链即旅游业六要素"吃、住、行、游、购、娱",识别产业链的关键节点,确定增值和非增值环节,在适当的增值环节深入发掘,带动整个产业链,是旅游产业链研究的核心问题。

Poon（1993）将 Porter 的价值链理论用到旅游产业，提出旅游产业价值链也由基础活动和支持活动构成。基础活动包括导游、住宿、餐饮等直接为产品或服务增加价值的活动，支持活动包括网站、培训、交通运输等间接为产品或服务增加价值的活动。基础活动具体的表现形式和作用机制在各个旅游企业中差异很大，而支持活动则较为相似。Poon（1993）之后，产业经济学的理论被广泛引入旅游产业，对旅游产业链构成环节的研究日趋一致。朱海艳（2015）认为旅游产业链囊括旅游消费者从知晓到最终消费旅游产品和服务的全部过程，旅游产品的供应商、中间商、消费者和政府都是产业链的组成部分。管晶晶（2010）提出旅游产业链的价值在于满足旅游者的旅游需求，各个环节由旅游产业中具有相对竞争优势的单元构成，表现形式是游客从客源地出发，在目的地旅游，涉及旅行社、宾馆、饭店、景区、交通、商店、娱乐等行业，产业链的各个环节相互依赖、相互制约。本书基于朱海艳（2015）的研究，提出一个简明的乡村旅游产业链定义——乡村旅游产品从供应到最终消费的一系列传递过程，由该过程中利益相关的组织和个人构成。

（2）旅游产业链与其他产业链。

王淑湘、叶长真（2004）从物流特征出发，考察旅游产业与制造行业的产业链特征，发现旅游产业链物流属性较弱，制造行业产业链物流属性较强。旅行社作为中间商，采购不同的个别产品后经过设计组合再销售出去，采购和销售不需要物流，采购、生产（经营）和销售整合在一起。张捷等（2005）从灵活性、价值来源等维度出发，考察旅游产业与传统行业的产业链特征，发现旅游产业链各环节之间存在较多替代的中间衔接产品，导致旅游产业价值链灵活性更高。其次，旅游产品连接游客与旅游资源实现价值增长，传统产业逐级加工增加价值，旅游产业的价值来自外部。再者，旅游产品价值来自横向利益相关者，下游企业主要依靠饭店折扣、景点折扣、购物回扣等方式获得利润；传统产业产品价值来自纵向价值链，生产过程增加价值，销售过程回收价值获得利润。刘蔚（2006）认为，旅游产品的特殊性使得声誉机制和合约机制共同发挥作用，约束价值链各个环节各个主体，从而使旅游产业价值网络具有稳定性的特点。

2.2.2 内部构成

（1）中间商与旅游产业链。

罗光华（2009）认为旅游产业链与传统产业相似，均由供应商、中间商和消费者三部分构成，旅游中间商居于主导地位。杨路明（2008）认为处在产业链不同环节的旅游企业，各司其职、分工合作、优胜劣汰，在每一个环节实现增加值，从而使最终的旅游产品和服务更好地满足消费者需求。旅游中间商具有双边平台特征，一方面与供应商交易，一方面与消费者交易，中间商从旅游地、酒店等收集相关的信息，再整合各种旅游资源设计出旅游产品，最后向旅游需求者提供产业和服务。研究表明，传统旅游中间商模式存在三大缺陷：首先，供应商、中间商和消费者按照固定顺序链接，资源流动缓慢、灵活性差，一旦中间某一环节受阻，整个产业链条面临系统风险。其次，中间商阻隔供应商和消费者，阻碍信息流动，消费者不能直接接受供应商的产品和服务信息，供应商不能直接接受消费者的需求信息，如此，供应商、中间商和消费者只能依据各自受损的私人信息决策，产业链的整体价值和利益无法保证，有时市场和消费者不认可企业，有时企业不认可市场和消费者。再者，中间商既掌握供应商的信息，又掌握消费者的信息，基于个体利益最大化，中间商存在恶意控制的激励，利用其信息优势欺瞒旅游供应商和旅游消费者，最终控制整个产业链。江波和夏惠（2008）认为旅游中间商不仅具备信息优势，还拥有垄断优势，传统的旅游中间商模式会伤害供应商和消费者，最终使整个产业链受损。

旅游中间商连接消费者和供应商的模式并不必然，供应商自己的分销渠道或者专门的电子分销系统也可以直接连接消费者。范星妙（2010）提出，去掉中间商，消费者、分销系统、服务代理商和供应商也可以组成旅游产业链。任瀚（2007）提出，分销系统可以在旅游产业链中担任核心角色，如全球预订系统（GDS）、饭店中央预订系统（CSR）在发达国家的旅行服务中起着非常重要的作用，分销系统和旅行社、航空公司等结合，为消费者直接提供产品和服务，其市场份额在发达国家居主体地位。

（2）旅游产业链的组织关系。

刘蔚（2006）认为，旅游产业健康发展，识别和确立产业链的核心环节是前提条件,当前条件下,旅游产业链的核心应该由旅行社向旅游景区转变。传统观点认为,旅行社把旅游者组织起来,协调"吃、住、行、游、购、娱"等各环节,整合产业链资源,向消费者提供一揽子服务,应该是旅游产业链中的核心企业。但是,信息化的快速发展在多个方面削弱了旅行社的作用,前文提及的全球预订系统(GDS)、饭店中央预订系统(CSR)就是证明。而景区是旅游产业的核心吸引物且无法移动,可以为消费者提供差异化的旅游产品,对目标群体拥有垄断优势,所以,当前旅游产业链的核心企业可以是旅游景区经营者。刘亭立(2008)比较分析了旅游景区和旅行社的获利能力,认为旅游产业链的核心地位由获利能力决定。景区的价值创造能力较高,天然景区的垄断源自差异性和不可复制性,人造景区的垄断来自高进入成本。旅行社的价值创造能力较小,旅行社既缺乏天然景区的差异性,又缺乏人造景区的高进入成本,竞争非常激烈,利润率自然降低。路科(2006)也认为景区景点应该成为旅游产业链的核心,传统以旅行社为核心的旅游价值链必须围绕新的核心节点再造重生。虽然信息技术的发展削弱了旅游中间商在旅游市场上的作用,但信息技术也提供了新的发展机遇,旅游中间商同样可以利用网络销售扩大自己的影响,甚至可以向前或向后合作、联盟直至兼并相关企业,组成企业集团,在内部实现完全产业链。信息、资金等要素是旅游产业链核心企业的必备条件。以航空公司和饭店集团为例,如果资金实力比较雄厚,可以向网络旅游业延伸,建立自己的在线渠道,取代旅游中介;如果是中小型的餐饮企业和航空公司,可以联合建立自己的在线渠道,借助信息技术,部分取代旅游中介;航空公司和饭店集团作为旅游产业链核心企业,已经成为一种发展趋势。

黄继元(2006)从产业群的角度考察旅游产业链的组织关系,发现大型旅游资源企业(旅游景点、旅游娱乐场所)通常占据核心地位,众多旅行社、旅游饭店、旅游交通运输企业等中介行业以及其他相关产业占据边缘地位,众多行业、部门在特定区域围绕核心企业集聚,形成了规模庞大的旅游产业群。旅游产业群内企业和组织既竞争又合作,互相学习互相交流,形成一个复杂的利益和风险网络。黄继元(2006)认为旅游产业群内必须建立一种尊重和符合各方利益的机制,形成良性的竞争与合作关系,才能保障整体的商业利益,才能实现旅游产业链的动态平衡。短期内,产业群依靠产品和服务的利益交换协调内部关系;中期看,群内企业优势互补、资源共享、流程对接形成集群整体竞争优势;长远看,战略联盟和文化融合等深度合作才能维持长期竞争优势。刘人怀、袁国宏(2007)从企业信任的角度考察旅游产业链的组织关系,认为当节点企业之间缺乏信任时,信息和资源分享就无法实现,当节点企业之间过分信任时,知识产权容易被窃取,合作企业互相持有专用性资产,无法保证独立性。

(3)信息技术与旅游产业链。

谢雨萍(2002)从旅行社的职能考察信息技术对旅行社行业的冲击,认为旅行社承担信息职能和代理职能,电子化、信息化产品虽然在一定程度上替代了旅行社的职能,但是旅行社可以提供人性化、差异化的导游服务,这是旅行社行业的核心竞争力,旅游电子商务不能替代。江波和夏惠(2008)认为,信息化技术推动旅游电子商务的发展和完善,旅游产业链不断重组和优化,旅游消费者和旅游企业均从信息技术中获益。但是,互联网仍有其局限,不能完全替代传统旅游中间商提供咨询、建议和经验的作用,也不能完全替代组合、包装旅游产品的功能,传统旅游中间商在合成复杂多元的旅游产品体系方面仍具有优势。巫宁等(2003)考察了网络旅游预订业务对旅行社业务的影响,认为信息技术不断扩大网络旅游预订业务的经营空间,资本的力量推动网络旅游预订业务的市场集中程度,以携程为代表的大型预订网站逐渐主导市场,而旅行社则渐渐失去原有的市场地位。周玲强、陈志华(2003)基于携程网的案例,考察旅游网站对旅游产业链的影响,发现旅游网站冲击传统旅行社行业是信息技术推动下的必然趋势,旅游网站渗透进入旅游产业链的各个环节,逐步完成对旅游产业链的再造。刘蔚(2006)研究了信息技术冲击下旅游中间商的应对策略,包括前向或后向一体化、战略联盟、松散合作、开发新产品等。李德明、马跃(2006)认为电子商务提高了旅游价值链的灵活性,消费者自己的需求与供应商的产品对接更加便利。杨路明、劳本信(2008)认为信息通信技术显著降低了旅游产品的中介佣金成本,旅游相关企业与消费者直接进行网上交易,或者用电子中介替代传统中间商,旅游企业的分销和促销成本得以有效控制。唐业芳、郑少林(2007)考察了信息技术对旅游咨询服务的影响,发现私人旅游咨询师可以借助信息技术成为旅游价值链的一个独立环节,甚至是核心环节,从传统旅游价值链中剥离出来。专业性信息咨询公司、导游服务网站等新型业态从传统旅行社职能中分化,形成新的旅游价值链,为消费者开发和提供超细分产品以及个性化服务。

江波和夏惠(2008)分别从供应商、中间商和消费者的角度考察信息技术对旅游产业链的影响。从供应商角度看,信息技术打破地域限制,旅游产品与市场联系更加自由高效,旅游供应商可以直接与旅游消费者发展商务关系,也可以保持与旅游中间商的传统关系。从中间商角度看,信息技术推动旅游中间产品更广泛地与中间商结合,中间商也能利用互联网与更丰富的产品源结合,中间商的资源配置效率大大提高。从消费者的角度看,信息技术推动供应商、中间商和消费者直接的双向互动,传统发散型的一对一联系方式转变为多对多的网状模式,旅游产业规模运作优势与消费者个性化需求之间不再矛盾。总体来看,信息化技术去除了旅游价值链成员之间的桎梏,提高了旅游价值链的灵活性。供应商、中间商和消费者可以跨环节互动,可以交叉互动,还可以维持固定联系。例如,旅游供应商可以直接向旅游者销售产品和服务,旅游者和供应商可以便利地比较多家中间商,中间商的信息垄断被打破,三者形成一个信息网络,选择机会扩大,都可以更有效地优化资源配置,寻找最佳方案,从而形成多元价值链模式。

2.2.3 作用机制

任何产业最重要、最根本的功能应当是满足消费者需求,旅游产业链则因旅游者的需求而存在。旅游需求可分为基本需求和核心需求,基本需求是指旅游者在游览过程中为维持正常生活的需求,核心需求则是指旅游者游览、休闲的需求,据此,旅游产业链可划分为基本服务环节和核心服务环节。旅游者在旅游过程中主要产生食、住、行、游、购、娱等需求,餐饮、饭店、交通、景点(区)、商业和娱乐等产业相互依赖、相互制约、共同作用,为旅游者提供旅游产品。

旅游产业链要求旅游资源和要素合理流动和共享,打破区域的行政界限成为旅游产业发展的内在要求。旅游产业的产业关联性较强,对税收和就业影响较大,往往被地方政府视为支柱产业。地方政府基于狭隘的地方利益,采取地方保护主义的做法,以邻为壑,切断旅游产业链各环节的联系,打破了旅游产业链各环节所必需的分工协作网络,获得眼前暂时的收益,牺牲了整个旅游产业链的利益。所以,要形成集群的竞争优势,必须让资源和要素在旅游产业链内自由流动,必须保证服务、交通、信息在旅游产业链内畅通无阻,必须保证旅游产业链内网络协同效应发挥作用。

2.3 旅游产业融合

2.3.1 概念界定

旅游产业融合是指旅游产业要素跨越产业边界形成新产业的过程,包括两种基本情况:旅游产业要素跨越产业边界,进入其他产业,改变其他产业链;其他产业要素跨越产业边界,进入旅游产业,改变旅游产业链。前者即旅游产业主动融合,后者即旅游产业被动融合。当然,现实中存在产业互相融合的可能,即旅游产业要素进入其他产业,其他产业要素同时进入旅游产业,二者相互改变原有产业链,即为互动融合。

王慧敏(2007)认为产业融合难易程度由产业主要驱动要素的性质决定,如果产业主要驱动要素是无形要素,则产业边界并不固定,该产业与其他产业融合的可能性就较高。旅游产业的主要驱动要素是旅游服务,旅游产业的边界并不固定,旅游服务比较容易跨越旅游产业边界。不过,旅游服务跨越旅游产业边界仅仅是旅游产业融合其他产业的必要条件,产业融合能否实现还要看其他条件。当然,旅游产业边界的不确定性同时意味着其他产业要素也比较容易进入旅游产业。如果其他产业要素试图进入旅游产业进而改变旅游产业链,其难易程度同样取决于该产业的主要驱动要素性质。例如,信息产业的主要驱动要素是信息技术,信息技术是无形要素,导致信息产业边界不确定,因此,信息技术跨越信息产业边界的可能性就较高。刘芳(2016)分析了产业融合的本质原因,认为融合产业与被融合产业共用某无形要素,无形的产业要素容易跨越产业边界,进入被融合产业后也容易扩散发展,催生跨产业边界的新业态,实现产业融合。产业融合意味着一个产业的要素应用在另一个产业,如果某个产业要素在另一个产业无法应用,产业融合就无法在这两个产业实现。所以,产业融合需要提供通用平台承载融合要素使用

（朱瑞博，2003）。周振华（2003）以出版产业、电信产业和广播电视产业为例，考察互联网在产业融合中的作用机制，认为互联网是三大产业的共用平台，数字技术是跨越产业边界的无形要素，数字技术结合互联网实现三大产业融合。在旅游服务跨越旅游产业边界融合其他产业的过程中，旅游资源即为两个产业的共用平台。狭义的旅游资源指名山大川、古迹遗址等；广义的旅游资源泛指吸引游客的所有要素，如乡村、农田、厂矿、节庆和民俗等。各类旅游资源承载旅游服务进入其他产业，实现产业融合。在其他产业要素跨越产业边界融合旅游产业的过程中，融合产业的性质决定了共用平台。例如，信息产业融合旅游产业，则计算机网络平台承担共用平台的职能。在旅游产业与其他产业相互融合的过程中，除了旅游服务和旅游资源共用平台，其他产业也要提供相应的无形要素和共用平台。

综上所述，旅游产业融合的过程、结果包括三种情况：其一，旅游产业的无形要素旅游服务跨越产业边界，旅游服务功能以旅游资源为平台在其他产业延伸，后者的产业链被改变，首先出现产品创新，进而出现产业创新，新业态诞生；其二，其他产业的无形要素跨越产业边界，此无形要素的功能借助双方产业的共用平台在旅游产业延伸，旅游产业的产业链被改变，首先出现产品或功能模块创新，进而出现产业创新，新业态诞生；其三，旅游产业的旅游服务和其他产业的无形要素同时跨越产业间边界，旅游服务和其他无形要素基于双方产业的共用平台在两个产业延伸拓展，双方产业的产业链均被改变，产品创新、功能创新、模块创新出现，最终创新升级至产业，形成新产业。

2.3.2　单方面融合

旅游服务是驱动旅游产业融合其他产业的主要力量。旅游服务是无形要素，较容易跨越产业边界，旅游资源是有形要素，提供了应用平台，旅游服务和旅游资源结合，在被融合产业出现新产品，后者产业链被改变。新产品既不同于旅游产业的既有产品，也不同于被融合产业的既有产品，是两类旧有产品的拓展和升级。在新产品的基础上，围绕游客的各种需求，各种衍生的产品和服务也应运而生，出现了新的产品组合，新产品及其组合改变了被融合产业的产业链。由于产业链被旅游服务和旅游资源改变，生产、研发、销售等环节都慢慢发生变化，被融合产业的旅游产业功能逐渐增强，原来的产业功能逐渐弱化。最终,新产品演化成新产业,在产业融合过程中,不仅实现了产品创新,更实现了产业创新,大大提升了创新的层级。

旅游产业融合其他产业,首要工作是识别旅游资源探索共用平台。旅游服务的无形性仅仅是旅游产业融合其他产业的必要条件,产业融合能否实现还要看被融合产业是否能够提供足够吸引游客的旅游资源,旅游产业的旅游服务和被融合产业的旅游资源结合才能提供新的旅游产品。宋子千(2011)考察我国旅游产业融合的实践,发现当前可以提供共用平台旅游资源的产业包括工业、农业、演艺影视、医疗卫生、地产、电子商务、文化、装备制造等,旅游产业融合的深度和广度空前提高。为了促进旅游产业融合,中央和地方出台了很多政策法规,但是政策推动不能盲目,首先要识别出能够作为共同平台的旅游资源。政府选择旅游资源,不仅要考虑资源开发的可行性,更重要的是分析能否满足消费者需求。旅游科学的研究表明,消费者的旅游需求越发多元复杂,观光、休闲、体验、娱乐、度假等都是重要的需求要素,因此,旅游资源开发、旅游产品设计必须匹配综合性的旅游需求。除了传统的旅游观光产品,社会、文化、经济、民俗等资源均可以围绕消费者需求进行整合开发,政府可以利用政策法规推动这方面的工作,促进旅游产业融合相关产业。从消费者的需求出发识别旅游资源,有助于拓展传统产业的视野,提高产业相互融合的可能性,最终推动产业创新。

产品创新是旅游产业融合的重要内容。旅游产业融合其他产业时,首先要整合两个产业的资源形成新产品,以此为基础再形成新产品组合,被融合产业的研发、生产和销售等环节被逐步改变,形成新产业。所以,旅游产业融合其他产业要重视产品创新,围绕消费者需求,结合被融合产业的资源特点,增大新产品开发力度,推动产业融合进程。新产品开发既要保持旅游功能,又要增加被融合产业的特色,才能产生竞争优势。例如,旅游产业融合农业,餐饮服务突出绿色、有机,住宿服务突出原生态、乡村,商品突出手工、乡土、民俗;旅游产业融合工业,矿山宾馆、坑道探险、生产过程体验等都呈现浓郁的工业特色。总之,产业融合本身不是目的,通过旅游服务与特色资源相结合,满足消费者需求,提供创新产品才能多方共赢。

旅游产业融合其他产业要结合地方特色。旅游服务与旅游资源结合形成跨产业的新产品是旅游产业融合的关键,新产品不仅要有被融合产业的产业特色,还应具备地方特色,有特色的新产品才能有足够的吸引力。我国地大物博,幅员辽阔,地域差异和产业特色相结合,旅游产业融合的空间非常大。例如,青海省利用青海湖、海南岛利用海岛结合体育产业,举办环湖、环岛自行车、马拉松等赛事;甘肃利用沙漠资源结合体育产业,举办亚沙赛等赛事;徐州利用矿产资源、采矿产业结合旅游产业,开展煤矿探险等活动。所以,旅游产业融合其他产业不可盲目跟风,应该以我为主,通过产业融合放大自身的产业、资源等独特性。有的地区农业具备独特性,就选择农业与旅游产业融合;有的地区工业具备独特性,就选择工业与旅游产业融合;有的地区都市具备独特性,就选择城市与旅游产业结合,形成差异化竞争的局面,避免恶性竞争重复建设。

2.3.3 互相融合

当旅游产业的旅游服务跨越产业边界进入其他产业时,其他产业的无形要素也可以跨越产业边界进入旅游产业,如果存在同时承载旅游服务和该无形要素的共用平台,则旅游产业和对方产业都可能出现产品创新,两个产业互相改变对方,实现旅游产业和其他产业互相融合。产业互相融合的过程中,不同的产业互动创新,最终两个产业都形成新产品,围绕新产品再衍生出新产品组合,进而研发、生产、销售等环节被改变,两个产业链均形成创新。旅游产业与其他产业互相融合,除了需要满足旅游产业融合其他产业的条件,还要额外满足两个条件:第一,另一产业以无形要素为主要驱动力量,该无形要素可以结合特定的资源平台,在旅游产业应用和发展。第二,另一产业与旅游产业关联性较强,该无形要素可以在两个产业共同使用。两个产业互相融合意味着两个产业互相改变对方,两个产业都实现产业创新。

两个产业互相融合的典范是旅游产业与文化产业。旅游服务和文化功能这两个无形要素是驱动旅游产业与文化产业互相融合的主要力量,旅游服务可以应用在文化产业,文化功能也可以应用在旅游产业。一方面,旅游产业融合文化产业,旅游服务融合文化功能,单纯的旅游产品进化为文化旅游产品,核心文化旅游产品进一步升级为文化旅游产品新组合,推动文化产业链研发、生产、销售等环节改变,形成文化旅游新业态。新产业不同于文化产业,其核心资源为文化旅游资源,核心产品为文化旅游产品,目标群体为游客,形成了一条文化旅游新产业链。另一方面,文化产业融合旅游产业,文化功能融合旅游服务,旅游产品和服务有了灵魂,无形文化转化成看得见、摸得着的产品与服务,创新形成文化旅游产品,消费者的文化和旅游需求均得以满足。由于消费者文化需求提升,产业融合过程中应该对此做出回应,不断发掘和提升平台资源的文化内涵,产品创新中重视消费者的多元需求,既能让消费者观光游览,还能让消费者体验独特的文化。产业融合的结果呈现文化旅游产品创新和文化旅游产业创新。

旅游产业与其他产业互相融合的具体形式取决于产业特点。在两个产业互相融合的过程中,虽然两个产业互相支撑、促进和协调,实现产业共同发展,但两个产业的作用存在相对差异。有的地区旅游产业相对强势,则旅游产业的带动作用较大;有的地区其他产业相对强势,则其他产业的带动作用较大。从时间维度看,当两个产业发展不均衡时,优势产业带动劣势产业;当两个产业发展均衡时,两个产业互相带动;当两个产业发展势头转换易位时,新的优势产业带动新的劣势产业。仍以旅游产业与文化产业为例,旅游产业相对强势的地区,充分发挥旅游产业的带动作用,为旅游产品和服务披上文化的外衣,将无形文化显性化,以旅游产业链改变文化产业链,开发文化旅游新产品,最终形成文化旅游新产业。文化产业相对强势的地区,就充分利用文化产业带动旅游产业,挖掘文化资源的旅游功能,提升旅游产品和服务的文化独特性,升华旅游产业,改变旅游产业链。两个产业互相融合,既有助于保护文化资源,也有利于旅游产业发展升级。

2.4 公共政策与旅游产业发展

2.4.1 概念界定

旅游公共政策的概念由旅游政策的概念发展而来。旅游政策的界定(表2-1)可以分为两大类:一类定义强调政府作为决策主体的作用,如表 2-1 中的王洪滨(1993)、罗明义(2008)和张俐俐(2009)定义的,而决策的内容则大致相同。另一类定义强调政策本身的作用,如表 2-1 中的欧盟(2006)和戈尔德耐(2003),对政策作用的表述也基本一致。旅游政策的演化受公共管理理念变化的影响,近年来,公共管理更加强调公共性、福利性和民主性等,旅游政策也逐渐向旅游公共政策演进，引入民主化管理、关注公共福利。

表2-1　旅游政策的概念

时　间	作　者	主　体	内　容
1993 年	王洪滨	政府	为实现一定时期内的旅游发展目标而规定的行动准则
2008 年	罗明义	政府	为促进旅游发展所制定和实施的有关方针战略、法律法规、规章制度和办法措施的总和，不仅是国家或地区促进旅游发展的重要措施和手段，也是国家或地区管理旅游行业的重要依据和准则
2009 年	张俐俐	政府	为确保旅游业朝着正确方向发展，通过广泛参与和连续决策以及具体实施等途径，平衡并协调各旅游相关部门和个人的利益、优化旅游公共资源的公共管理行为和活动过程；也是在一定历史时期内，政府为实现旅游发展战略目标而制定的各种指导方针、条例和规章制度的总和
2006 年	欧盟	政策	在共同体范围内的旅游领域建立发展目标和基本方针的发展战略
2003 年	戈尔德耐	政策	一套规章、规划、准则、指示、发展或促进的目标和战略，它们为集体或个人制定了直接影响某个旅游目的地旅游发展及日常活动的决策框架

根据以上研究，本书定义旅游公共政策如下：政府为解决旅游产业发展中的问题、协调利益相关者而规定的行动准则。可以从五个方面深入理解旅游公共政策。

第一，旅游公共政策是政府行为。从社会契约的角度看，为了解决个人与社会无法解决的问题，赋予各级政府强制权力，政府制定的旅游公共政策，因此具有强制性。无论个人还是企业，均可以形成与旅游产业相关的决策，如个人旅行目的地决策、酒店决策，旅游企业价格决策、产品决策等。但旅游公共政策与之不同，它约束全体的个人与企业，如行业标准、产品规范等。

第二，旅游公共政策体现了政府的选择。首先，政府要选择是否干预市场。很多国家对市场持自由放任的态度，民众和社会都不赞成政府干预市场，具体到旅游产业也是如此，政府没有具体的旅游产业政策，只承担尽可能少的守夜人职能。但是旅游产业关联性强，对税收、就业影响很大，政府看到了利用政策促进就业增加税收的机会。而且，旅游市场信息不对称问题严重，经常发生旅游企业利用信息优势损害消费者利益的案例，客观上也需要政府介入保护。因此，不论任何意识形态，现在很少有国家完全没有政策干预旅游市场。其次，政府要选择价值和利益。公共政策的制定和执行是一个政治过程，涉及诸多利益相关者，决策者面临诸多压力，政府决策必须选择维护谁的利益，支持谁的价值判断。

第三，旅游公共政策必须解决某些旅游产业中的问题。旅游产业是一个综合性产业，至少包含旅行社、交通运输企业、餐饮企业、酒店、景区、游客等利益相关者，内容广泛，结构复杂。与非综合性产业相比，旅游产业产生的问题也更多。旅游产业还存在多头管理的问题，除了旅游主管部门，税务部门、城市管理部门、卫生部门、公安部门、环保部门等都有涉及旅游产业的管理业务。因此，旅游公共政策中涉及的政策制定者、执行者和被执行者等主体更多，复杂程度更高，协调难度更大。当旅游产业出现问题时，众多的利益相关者会发出声音，引起决策者的注意，进入政策议程的可能性更高，最终，最有可能产生政策解决问题。

第四，旅游公共政策是旅游产业的行为准则。旅游公共政策一经制定，既约束政府的管理行为，更约束企业的市场行为。自由竞争是市场的活力源泉，企业和个人追求利益最大化，最终实现公共利益最大化。但是，如果没有相应的行为规范约束企业和个人，市场就变成了零和博弈，消费者受损，企业获利，恶性循环，直至整个市场崩塌，消费者无法获得旅游服务提供的满足，企业也不能生存，最终演化成一个"多输"的局面。所以，旅游公共政策要立足于公共利益，为整个产业提供行为规范。

最后，旅游公共政策的形式包括法律、国务院文件、行政法规、部门规章和规范性文件等。旅游公共政策核心是《中华人民共和国旅游法》（2013年4月25日通过，2013年10月1日起施行）。国务院文件包括国务院的令、通知、意见等等，例如《中华人民共和国国务院令第674号》《国务院关于印发"十三五"促进就业规划的通知》《国务院办公厅关于促进建筑业持续健康发展的意见》。行政法规包括《旅行社条例》《导游人员管理条例》《中国公民出国旅游管理办法》等。部门规章包括国家旅游局的各种令和办法,例如《国家旅游局第40号令:关于废止〈导游人员管理实施办法〉的决定》《边境旅游暂行管理办法》等。规范性文件包括《国家旅游局关于旅游不文明行为记录管理暂行规定》《交通运输部关于进一步规范导游专座等有关事宜的通知》《国家旅游局关于规范性文件清理结果的公告》等。

2.4.2 政策效果与条件

政府设定旅游产业发展目标,借助各类直接或间接、强制或自愿的公共政策干预旅游产业,约束产业自发性演进,推动旅游产业均衡发展。产业政策是否能够推动产业发展在理论界有很大争议,支持产业政策的学者认为,政府主动干预市场,可以有效促进产业结构优化升级,是后发国家实施赶超战略的关键手段,日本"二战"后的高速经济增长、东亚"四小龙"的经济奇迹均被视为产业政策成功的典型案例。在20世纪东南亚金融危机之前,世界银行也认为政府可以有效推动一国经济长期持续增长,但危机之后,以克鲁格曼为代表的经济学家认为政府长期全面地干预市场正是这场危机的罪魁祸首,世界银行的观点也发生了改变。但是,从中国的长期实践来看,政府的力量是惊人的,改革开放以来中国的巨大经济成就表明产业政策的确发挥了重大推动力量,但是在某些领域产业政策的失败也是明显的。近年来,中国旅游产业发展迅速,离不开旅游公共政策的巨大作用。

旅游公共政策的目标是实现旅游产业供需均衡。市场自发调节下,供给和需求并不总能及时达到均衡状态,政府相机选择政策工具推动产业均衡发展(表2-2)。当内需不足时,政府为了提高本地区的旅游消费需求,通常设法提高居民可支配收入、延长或集中假期。当外需不足时,政府为了吸引本地区之外的旅游消费需求,短期内可以举办各种节庆、赛事、会展等,长期内可以加大力度开发本地旅游资源或兴建新的旅游项目。当基础设施供给不足时,政府应该增加投入,改善和提升当地旅游基础设施。当旅游服务供给不力时,政府一方面可以增加投入提高旅游服务供给数量,更重要的是通过法律法规、规范标准等规范市场秩序和企业行为,提升旅游服务质量。以上四种情况是一般的旅游产业供需失衡问题,特殊情况下,例如,突发自然灾害、暴恐事件等,政府应采取更加直接的管控手段。

表2-2　旅游公共政策的作用与约束条件

目　标	手　段	约　束
扩大内需	提高收入、优化假期	调整困难
扩大外需	新增项目、活动	效果不确定
改善设施	增加投入	财政能力
提升服务	规范标准	协调困难

虽然旅游公共政策的目标和意愿是美好的，但是结果并不总是理想。第一，市场自有其运行规律，不以人的意志而转移，如果政策干预顺应市场规律，则结果理想，如果政策干预违背市场规律，则政策失败。第二，政策制定和实施均有成本，政策目标越高，政策成本越大，政府需要权衡政策的投入和收益，有些政策虽然预期收益很高，但是受成本约束政府也难以采纳。第三，公共政策包含众多政策工具，每一种工具的成本和收益均不相同，政府不仅要选择单个政策工具，还要决定政策工具组合，组合配置不同效果也大相径庭。

当内需不足时，如果政府能够设法提高居民可支配收入，则可以提高本地区的旅游消费能力，拉动旅游产业发展。但是，居民可支配收入受诸多因素影响，经济、社会、文化等都是制约力量，政府很难有效调节收入分配。假如社会经济发展水平明显超越居民可支配收入水平，政府顺势而为，或许可以增加居民可支配收入，倘若违背规律强行提高居民可支配收入，不仅政策目标难以实现，还会引发其他更加棘手的问题。

当内需不足时，如果政府能够设法增加居民假期时间或优化假期组合，则可以增加本地区的旅游消费机会，拉动旅游产业发展。但是，居民的工作休闲决策受诸多因素影响，一方面收入提高促进居民休假时间增加，一方面文化社会因素会制约人们的选择。假如假期调整政策科学，或许可以促进旅游消费；假如不科学，不仅无益于旅游产业，居民的休假权都会受到损害。我国的实践提供了正反两方面的例子，"五一"、国庆、春节假期调整形成旅游的黄金周效应，清明、中秋等假期调整形成小长假效应，极大激发了社会的旅游需求；而长期以来一直呼吁的带薪休假制度却无法落实，不仅没有实现错峰出游的情况，连应有的假期都不能保证。

当外需不足时，如果政府可以加大力度开发本地旅游资源，或兴建新的旅游项目，则可以吸引本地区之外的旅游消费需求。但是，兴建旅游项目要求政府协调土地、资金等资源，成本较高，经济实力不足就难以实施。而且，从理论上看，旅游需求受诸多因素影响，仅仅依靠旅游资源并不足以产生足够的刺激效应，所以从实践上看，有些地方政府增加旅游产业投入效果明显，有些地方却没有什么成效。以西部大开发为例，中央将旅游开发作为开发西部的重要政策工具，也配套了非常优惠的土地、资金、税收等政策，但是，不同省份旅游产业发展差异非常大，同一个省份内部也存在很大差异。这表明政府作用的局限性，有些方面政策有用，有助于提升区域旅游吸引力，有些方面政策无用，无益于提升区域旅游吸引力。从国际上看，也是如此，有些国家和地区旅游开发政策有效，如东京和大阪的迪士尼项目，有些则以失败和浪费告终，如巴黎的迪士尼项目。

当外需不足时，如果政府可以举办节庆、赛事、会展等活动，则可以吸引本地区之外的旅游消费需求。政府主办节庆、赛事、会展等活动，借助新闻媒体增加知名度，提升影响力，吸引本地区之外的游客，短期内可以增加游客人数。但是，区域竞争削弱了政策效果。一方面，不同地区举办的活动名目繁多，但内容雷同，消费者注意力被分散，久而久之政策就失去了作用；另一方面，早期举办的活动因差异而产生吸引力，但地方政府间的模仿学习导致区域同质化，大家又站在同一起跑线上，政策效果大打折扣。

当基础设施供给不足时，如果政府增加投入，改善和提升当地旅游基础设施，则必然有助于提升当地的旅游吸引力。但是，该政策直接受制于当地的财政能力，如果地方经济实力强，持续投入基础设施建设，必然显著改善旅游产业发展环境；如果地方经济实力弱，不能坚持基础设施建设，则政策效果减弱。而且，基础设施建设与旅游产业需求在时间上不匹配，前者是一个循序渐进的过程，后者则在短期集中显现，也需要政府统筹安排。

当旅游服务供给不力时，如果政府设法通过法律法规、规范标准等规范市场秩序和企业行为，提升旅游服务质量，则有助于保护消费者权益，促进旅游产业健康发展。旅游服务既涉及旅游产业内部各环节，如旅行社、景区、餐饮、住宿、交通等企业，也涉及政府旅游管理各部门，如海关、边境、外汇、结算、审计、安全等。因此，政策既要规范旅游产业内部企业的行为，也要规范旅游管理各部门的政府行为。近年来,我国出台了大量政策法规,例如《旅行社条例》《导游人员管理条例》《边境旅游暂行管理办法》等,改善企业服务和规范政府部门管理,保障旅游产业健康持续发展。同时,简政放权也适用于旅游产业,不必要的管制、审批等得到规范纠正。而且,随着经验增加,我国政府处理旅游危机事件也越发成熟。

中国是发展中国家,赶超战略同样适用于旅游产业,旅游产业快速发展要求政府科学制定政策。同时,发展中国家的旅游市场尚不规范,供给和需求失衡是常态,也需要政府积极干预推动旅游产业健康均衡发展。

3

青岛市旅游产业发展的实践

3.1 城阳区

城阳区以建设青岛市旅游目的地为动力，以旅游市场需求为导向，科学编制旅游发展规划，开发旅游产品，强化宣传推介，举办特色旅游节会活动，规范行业管理，提升服务品质，有力促进了旅游业健康快速发展。2017年，全区接待游客583.8万人次，同比增长15.3%，实现旅游收入21.9亿元，同比增长35.2%。

3.1.1 政策先导

2017年8月23日，区政府出台《关于促进旅游业改革发展的实施意见》，提出打造"全域旅游、全时旅游、品质旅游、阳光旅游"的发展目标和推动项目与产业体系建设、产业融合发展等五个方面共16条措施，强调科学指导、提质增效，有力促进城阳旅游业在更高起点上科学发展跨越发展。同时积极谋划产业发展，完成了《城阳区旅游业发展十三五规划》修编工作，高标准、高站位谋划本区未来五年旅游产业发展；启动了《城阳区全域旅游发展规划》编制工作，并于12月15日通过专家评审。

3.1.2 夯实基础

一是发布城阳全域旅游手绘地图。《城阳全域旅游手绘地图》是本区首份手绘旅游地图，首批5000份地图已免费向城阳区的星级酒店、旅游咨询中心、旅行社和A级旅游景区发放。二是完善基础配套设施，做好旅游厕所提升工作。2017 年,本区完成新建改建旅游厕所 23 个,完成了 83 万元旅游厕所扶持资金兑付工作。三是完善旅游标识系统,修订完善道路指示牌设计制作安装等工作流程,对近年来设置的旅游指示牌进行拍照核实存档,今年共改造安装旅游道路指示牌 12 块。目前在全区在主干道共设立旅游道路指示牌 90 块,本区的旅游道路指示系统已基本形成。

3.1.3　品牌升级

一是积极指导街道社区创建旅游合作社、A 级景区、旅游特色点等旅游品牌,做好业务指导和督查,及时协调解决创建过程中碰到的困难和问题。2017 年 10 月 31 日,羊毛沟花海湿地被评为国家 3A 级旅游景区。截至目前,全区共有 4A 级旅游景区 1 处,3A 级旅游景区 5 处;新评定山东省好客人家农家乐 5 家,12 个省级旅游品牌、5 个市级旅游品牌基本完成验收。二是节庆活动遍地开花,2017 年 6 月 8 日青实口水街正式开街,首届城阳旅游美食节吸引众多美食爱好者参与,草莓采摘节、山色峪樱桃山会、羊毛沟花海湿地赏花节、少山红杏节、宫家村葡萄采摘节、第二届城阳水上啤酒节、羊毛沟花海湿地菊花展等节会活动贯穿全年,吸引游客超过 350 万人次。三是借助旅游惠民月活动,践行"阳光城阳"发展理念。2017 年 11 月 1 日,青岛市旅游惠民月在毛公山启动,城阳首发城乡互动游惠民团,并依托青岛旅游惠民景区联盟平台,策划推出多条城乡互动游惠民线路,向市南、西海岸发送"城阳城乡互动游惠民车" 16 车次,组织旅游企业进社区,开展了"阳光旅游惠民季"和"网上惠民"活动,推出餐住游优惠措施 100 余项,让市民共享旅游发展成果,活跃了淡季旅游市场。

3.1.4　整合营销

一是举办旅游专题推介会。8 月 25 日,在鑫江温德姆酒店举行"阳光城阳·阳光旅游"城阳旅游专题推介会,150 余家国家、省、市级新闻媒体与青岛市旅行商、城阳旅游企业参加,现场推介了城阳区四大类型旅游线路,展示了城阳手绘旅游地图,阐述了本区对旅行社团队的奖励办法。二是开展城阳旅游口号征集设计投票活动,活动共收集投稿作品 600 余件,约 26 万人次参与,有效宣扬了阳光城阳理念,展现了城阳旅游魅力。三是新媒体影响力保持前列,阳光旅游宣传成效显著。紧紧围绕"阳光城阳·阳光旅游"主题开展旅游宣传,通过微信、微信发布旅游信息约 1200 篇,策划推出了《"阳光旅游线路"带你体验阳光城阳》《递张城阳名片,邀您来赏四时之美》等一批旅游网文,彰显了"阳光城阳"旅游风采,提升了城阳旅游美誉度。四是通过旅游扶贫方式,开展旅游促销。2017 年 7 月、11 月,先后由分管领导带队,带领 6 家旅行社经理和 200 余名团队客人,赴甘肃陇南成县、山东巨野考察旅游资源,开辟了"青岛—成县—两当县—天水"的旅游线路。

3.1.5 加强监管

一是旅游市场健康有序,2017 年开展旅游市场专项整治行动 22 次,出动检查人数 67 人次,检查旅游企业 96 家(其中星级旅游饭店 35 家,旅行社 49 家,A 级景区 12 家),纠正问题和不规范经营现象 11 个。二是安全工作取得实效,认真落实安全目标管理、常态化管理,扎实开展星级旅游饭店消防安全专项整治和消防应急演练,全年检查旅游企业 99 家,发现安全隐患 11 项,整改 45 项。三是旅游发展环境持续优化,文明旅游氛围日益浓厚。结合文明创城、十九大召开及黄金周旅游假期,举办文明旅游大讲堂并邀请省文明旅行社的最美导游员授课,在旅游企业公共区域广泛布设文明旅游宣传品,使用旅游文明大使形象和文明旅游素材全面营造文明旅游氛围,旅游文明工作成果信息分别被中国文明网、青岛市文明网采用发布。

3.2 黄岛区

围绕"打造世界级滨海度假旅游目的地"目标,大力实施海洋战略,扎实推进旅游业转型升级,全区旅游业呈现稳健向上的良好发展态势。2016 年黄岛区共接待国内外游客 2006 万人次,实现旅游业总收入 181.6 亿元,同比分别增长 10.2% 和 21.2%。

3.2.1 政策引领

一是深入落实《关于支持住宿餐饮业发展的意见》(简称《意见》),实现全行业逆势增长。为助推青岛市国家级旅游业改革创新先行区创建和发展全域旅游,2014 年青岛西海岸新区率先出台了《关于支持住宿餐饮业发展的意见》，区旅游局创新管理机制，强化政策宣传，创新服务模式，狠抓政策落实。政策发挥出巨大的拉动作用，全区旅游企业活力得到有力激发。2015年全区纳入《意见》申报范围的34家旅游企业主要营业收入达9.61亿元，同比增长22.46％。27家旅游企业（20家星级饭店、7家品牌饭店）平均客房出租率为50.5％，同比增长2.15个百分点。截至2015年底，共有132家企业按照《意见》要求申报奖励资金，经审计，有62家企业和20名个人符合奖励标准，审核兑现奖励资金1378.8万元。2016年1～11月份，全区纳入《意见》申报范围的35家旅游企业（17家星级饭店、8家品牌饭店、8家限上住宿餐饮企业、2家星级餐馆）主要营业收入达9.51亿元，与去年同比增长4.49％。28家旅游企业（20家星级饭店、8家品牌饭店）平均客房出租率为50.06％，与去年同比上升1.5个百分点。二是论证通过了《关于加快旅游业创新发展的意见》，促进旅游业健康发展。为助力本市圆满完成国家级旅游业改革创新先行区使命任务，2016年论证出台了《关于加快旅游业创新发展的意见》，紧扣新区旅游业发展实际和度假旅游目的地的发展定位，方向明确，创新性强，必将有利于破解制约西海岸旅游发展的难题，强力推进新区旅游业高速发展。

3.2.2　资源整合

一是制定旅游规划，精心绘制蓝图。区旅游局结合新区实际，编制完成了新区旅游业发展总体规划和"十三五"规划编制工作，进一步明确旅游业发展的目标方向、重点区域和项目布局。二是发挥项目龙头效应，打造核心旅游产品。着眼游客旅游度假需求，抓好凤凰岛国家级旅游度假区、蓝色海湾整治建设、东方影都、藏马山国际旅游度假区等项目建设推进，形成以大项目为核心、以特色旅游产品为节点、功能强大的度假基地。三是盘活社会资源，撬动社会资金在旅游产品建设领域大投入大开发。新型旅游产品不断涌现，且形态多样。藏马山国际旅游度假区、西海岸生态农业观光园、海上嘉年华等三个综合性旅游大项目相继投入运营，滨海学院标本艺术馆、贝壳博物馆、青岛香博园等极富特色的产品广受好评，琅琊台集团、圣元乳业、明月海藻等一批工业旅游项目集中亮相，创建各级各类乡村旅游品牌共计107个。四是推动跨界整合，优化产品结构。以市场需求为引领，通过采取"酒店＋景区（或节会）"等旅游产品组合模式，形成春夏秋冬四季游系列产品品质套餐,市场反响良好。五是度假酒店群建设又有新进展。涵碧楼、希尔顿、温德姆至尊、福朋喜来登、康大豪生等高端酒店创新运营模式,营业收入实现新高;新区先后引进了万达东方影都、青岛红树林度假世界、海上嘉年华等多个旅游大项目,总投资逾 700 亿元。六是旅游公共服务体系建设成效显著。金沙滩、银沙滩、唐岛湾无线网络覆盖工程已正式运营,大珠山、琅琊台、城市阳台、珠山国家森林公园和青岛野生动物世界无线网络覆盖工程于 2017 年上半年完工并正式运营;涵盖旅游资讯网、政务网、分销系统、手机 APP、360°虚拟游、GIS 地理信息系统的智慧旅游综合平台投入使用;城区新建 114 块旅游导向牌,2016 年在乡村旅游重点区域新增 30 余块,旅游标识系统进一步完善;公共租赁自行车系统运行良好,为游客和市民提供了便捷健康的交通方式;扎实做好旅游"厕所革命",2016 年完成全区 143 处旅游厕所的新建和改建工作;开通藏马山旅游度假区和灵珠山旅游专线车,提高了城区至主要景区的通达性。

3.2.3 营销创新

一是创新营销宣传理念与手段。推行"产品＋形象"的城市旅游推广模式,进行旅游、度假客源靶向精准营销。二是开拓旅游推广新渠道。组织开展黄岛旅游长三角推介会、旅游进社区等营销活动,创新开展特色旅游企业赴京津冀和省内开展旅游巡展,积极参加旅游博览会、交易会。通过"线路包装＋体验活动＋销售渠道"的市场运作模式,引起业内的广泛关注和客源地旅行商、市民的高度赞誉。利用"互联网＋"进行网络立体营销,推动目的地旅游品牌建设。三是持续完善旅游营销平台,提升企业宣传营销意识。加强完善官方公众微信号"掌上西游"功能,充分发挥"悠游黄岛"平面媒体的作用,加大对企业的宣传服务力度。四是成功举办 2016 年中国游学联盟大会暨游学推广活动,出色完成大会服务保障任务,并借力推出了新区游学产品,推广了新区形象。

3.2.4 行业培育

一是加大对星级饭店、景区、旅行社培育力度,扩大行业规模。深度挖掘优秀旅游资源,大力培育国家 A 级旅游景区;提前介入,主动服务,积极推进度假酒店集聚发展。二是强化行业管理,提升旅游服务质量。加强旅游企业规范化管理,健全景区各项管理制度,提升景区(点)服务水平。开展景区最大承载量核定工作,完善落实旅游安全管理机制和安全目标责任制。三是加强市场监管,全面优化旅游市场环境。开展旅游市场秩序整治,严厉整治旅游市场群众投诉反映强烈的问题和旅游市场秩序中热点、难点问题。出台《关于加强旅游区服务质量监督考核的实施意见》,加强对旅游区服务质量的监督考核。

3.3 即墨区

围绕建设"国内一流康养休闲目的地"的发展目标,牢固树立"全域旅游"发展理念,加快促进产城融合,培育引进新兴业态,配套完善基础设施,推动产业转型升级。2017 年接待游客 860 万人次,实现旅游消费总额 115 亿元,同比增长 11% 和 8%。

3.3.1 动能转换

以项目引进建设为主线,推动增量崛起。组建旅游产业专职招商事业部,瞄准国内外 500 强和行业领军企业,加快世界级、国际化旅游项目引进。促成恒大童世界、港中旅帆船小镇、"时光隧道"科技乐园、田横特色风情小镇等项目签约落地,与中青旅、山水文园、红星麦凯龙等 40 家企业建立常态化联系机制。目前,全区纳入统计计划总投资 5000 万元以上的旅游重点项目共 22 个,涉及投资总额 1500 亿元,其中投资 10 亿元以上 9 个,100 亿元以上5 个;已签约项目 6 个,计划签约项目 9 个,在建项目 7 个。围绕提升区域特色、引导企业转型,加快存量变革。田横岛省级旅游度假区、玫瑰小镇、即墨古城等旅游重点区位承载功能得到加强,主题特色显著提升。企业主体激发新活力,一品天香牡丹园、瑞草园等新业态陆续开放,宝湖山庄马术小镇、天泰峪尚汤泉特色民宿、青旅集团酒店养生养老、非遗博览园二期等项目改造提升。

3.3.2 强化产业

加强规划引领,优化产业布局,推动滨海旅游带、环山休憩带、沿河休闲带"三条旅游带"互通相融,推进即墨古城、古村、古文化"三古"资源系统开发,提升打造滨海旅游、温泉旅游、商贸旅游、科教旅游、工业旅游"五个特色产品",加快构建开发运作、社会融资、公共服务、客源组织、游客承接"五个产业平台"。《大沽河生态旅游规划》通过评审,度假区、移风店、灵山等重点镇域旅游规划、旅游交通标识逐步完善。积极推进中国海洋温泉特色小镇、世界温泉健康名镇、中国温泉旅游名镇、"全国首批运动休闲小镇"等示范创建,即墨入选"全国休闲农业和乡村旅游示范市"。加大政策引导,针对特色街区、特色民宿、精品酒店、文化旅游等制定专门政策,加大对核心景区、龙头企业、乡村旅游点的重点扶持,年度扶持资金1500万元。完善基础设施,提升服务配套。全年完成旅游厕所新建改建28处,新增旅游信息咨询中心2处,争取上级资金700万元。

3.3.3 建设品牌

全面提升城市形象,围绕"千年商都,泉海即墨"城市品牌营销,通过广播电视、高铁媒体、移动网络等推介平台,开展全媒体合作,精准化营销。即墨获评"中国最美特色旅游小城"。策划举办热点活动,如"2017中国·灵山玫瑰节"参与游客49万人次。旅游惠民月、田横祭海开海节、鹤山柿子节、天泰山音乐节、海泉湾泼水节等活跃市场、催旺人气。发挥政策激励作用,地接奖励覆盖团队游客20余万人次,涉及直接旅游消费4000万元。以温泉养生、滨海度假、民俗文化、生态观光、休闲运动为主的旅游产品获得市场认可,预期全市限上住宿单位年营业额3.4亿元,增幅达到25%以上,居十区市第2位,新增纳统单位3家。推进旅游对口协作,与紫云、文县、鄄城的客源组织输出、地方特产销售等合作有了初步成果。

3.3.4 加强监管

推动景区企业提档升级,指导全市60处乡村旅游点开展标准创建,其中周戈庄创建省旅游特色村,15余处省级农业旅游示范点创建通过验收。田横宝湖马术小镇成功创建3A级景区,华盛太阳能农庄3A创建即将迎检。海泉湾、中信证券分别通过五星级、四星级温泉创建验收。旅游安全生产意识普遍提高。旅游从业人员素质教育和技能培训广泛开展,乡村旅游人才培育成效明显。完成"春季攻势""秋冬会战"旅游市场专项整治自查迎检,旅游投诉处结率、满意率 100%。诚信经营、文明旅游成为行业共识。

3.4 胶州市

以新发展理念为引领,牢固树立全域旅游意识,全力推动产业转型升级,不断深化依法治旅,加快打造国际化旅游目的地城市,全市旅游产业规模、质量和效益稳步提升。2017 年,接待国内外游客 605 万人次,同比增长 8.4%,实现旅游总收入 40.3 亿元,同比增长 10.6%。

3.4.1 全域统筹

全域统筹,资源整合,推动旅游综合管理体制改革,全面增强发展聚合力。健全完善胶州市旅游发展工作领导小组,统筹全域旅游发展工作,构建形成齐抓共管的工作格局。筹备组建胶州市旅游发展委员会,目前工作正在积极推进中。

创新思维,转变理念,实现从部门、镇域(功能区)行为向党政统筹推进转变。一是将旅游纳入胶州发展论坛课题,邀请专家对全市党政干部就旅游业作为加快新旧动能转换的新动力进行授课,在全市统一"本市已迎来大旅游发展春天"之认识。二是旅游思想解放大讨论,对随着 4F 级胶东国际机场落户胶州,为本市旅游业带来巨大机遇,全市上下形成共识,必须牢牢抓住这一千载难逢的历史机遇,争创全域旅游示范区。2017 年,印发了由市领导批示的参阅件《超前谋篇现代化空港新区国际化大旅游格局——关于推动本市全域旅游的思考与建议》,把旅游业放到战略性支柱产业和人民群众更加满意的现代服务业的高度、广度和深度来谋划。三是在对镇办(功能区)的年度考核中,创新旅游特色创建指标,调动各镇办(功能区)发展旅游的积极性。

规划引领,高点谋划,推动产业布局更趋合理。大力实施全域化旅游发展战略,立足打造"空港新区、金色胶州"国际旅游目的地目标,构建"一核、一带、两组团、五平台"的旅游空间布局。着力提升大沽河旅游度假区的核心带动作用,打造青岛"新城市客厅";依托贯穿青岛南北、带动城乡一体化的大沽河生态中轴,深度挖潜两岸生态旅游资源,开发特色旅游产品,串点连线打造沽河金岸精品旅游路线;加快建设北部大田园旅游发展组团、西南部大山水旅游发展组团;构建重大旅游平台带动,按照资源优化、统一规划、统一布局、统筹开发的原则,突破行政区划,确定三里河轴带城市开放公园公共旅游平台、青年水库片区城市中央公园生态旅游平台、东部中央商务区休闲旅游平台、临空经济示范区消费旅游平台、胶州经济技术开发区新冰雪海洋世界实景体验旅游平台。

3.4.2 创新业态

实施"旅游+农业",推进乡村旅游升级。坚持以山水特色为依托,以现代农业为支撑,以生态绿色为方向,充分发挥西南部洋河、里岔、铺集,东北部李哥庄、胶莱、胶北等镇丰富的自然生态和良好的农业基础优势,发展乡村旅游、休闲农业等现代农业新形态,打造出"山水洋河·四季有约""胶北都市农业——桃源仙境""幸福源花海""沽河味道"等品牌。截至目前,本市有省级旅游强镇 7 个,特色村 17 家,农业示范点 25 个,工业示范点 5 个,采摘园 24 个,星级农家乐 29 个,旅游合作社 10 个。2017 年,本市被评为"山东省休闲农业和乡村旅游示范县"。

实施"旅游+工业",推进工业旅游创新。积极推动工业向旅游延伸,提高工业企业的附加值,打造全域旅游新业态。支持新材料、汽车制造、节能环保、航空制造与维修、海洋装备等八大新兴产业和铁塔与钢结构、食品加工、木器家具等六大传统产业开发多种形式的工业旅游,塑造一批工业旅游品牌。先后打造了新希望琴牌乳业、好兄弟制帽、三绣纺织、诚信饰品、灯塔酱油、老机场白酒等特色工业旅游点。

实施"旅游+文化",提升文化旅游内涵。深入挖掘三里河文化、红色文化、庙宇文化、农耕文化及民间秧歌、剪纸、八角鼓、茂腔等民俗文化,充分发挥"中国民间文化艺术之乡"的品牌优势,整合各类文化资源和文化项目,打造民间、民俗文化旅游品牌。胶北玉皇庙村打造了"红色教育基地""乔老县长故居"、尼山书院、王母井、民俗博物馆、传统手工艺体验馆等一系列旅游景观,成为美丽乡村重要旅游目的地,被评为中国最美村镇;复建娄敬祠、嘉树园等文化旅游项目正在积极推进中;作为中国秧歌节永久举办地,在做强做大传统文化产业的同时,不断创新,扶持和培育文化创意产业,2017 年投资500 多万元打造东小屯红秧歌生态民俗博物馆。

3.4.3 项目聚焦

立足龙头引领、项目带动,培育区域发展新动能,持续壮大旅游带动力。深入落实新旧动能转换重大工程和"一业一策"行动计划,持续做大做强产业。重点突破百亿级旅游项目,引进总投资 270 亿元的中国香港路劲集团华红湾国际旅游度假区项目,为国内外来青旅游的游客打造一个全景式区域、全季节体验、全产业发展、全方位服务的绿色发展新高地和文化旅游目的地,预计文化旅游综合年收入将达到 50 亿~60 亿元,年纳税 5 亿~6 亿元。2017 年,新建成总投资 20 亿元的旅游项目 12 个;已开工建设的旅游项目有大沽河中信旅游五星级酒店、佳华园艺等 16 个项目;未来城市、辣椒小镇、足球小镇、养生谷等项目进入概念性规划设计中。

3.4.4 加强监管

提升景区管理和服务品质。推动景区提档升级,艾山风景区、玉皇庙古村落风景区等争创 4A 级旅游景区。三河水生态园创建 3A 级景区。提升软硬件服务品质,实行景区服务质量常态化管理机制,通过暗访和复核性检查,对不符合标准要求的 A 级旅游景区采取摘牌、降级、警告等措施,稳步提升本市 A 级旅游景区整体服务品质,2017 年对因经营管理不善已处于停业整顿状态的幸福源薰衣草花田撤销 AAA 级旅游景区资格。推进旅游度假区建设,全力支持鼓励大沽河省级生态旅游度假区创建国家级旅游度假区,建设西南部省级生态旅游度假区。

坚持依法治旅、依法兴旅。全年出动执法人员 100 余人次,检查旅游企业 200 家次,责令 40 余家存在问题的旅游企业限期整改。2017 年,游客投诉处结率 100%,满意率 98% 以上,游客满意度 95% 以上。

开展文明旅游活动。结合创建国家文明城市工作,印发《2017 年旅游行业文明旅游工作方案》,督导全市星级饭店、A 级旅游景区、旅行社及其分支机构等开展争创全国文明城市工作,设置电子屏幕 80 多块,收集文明行为随手拍作品 500 余件,全年游客行前文明培训 12 万余人次,为创建文明城市贡献了旅游力量。

3.4.5 营销创新

线上营销造热点。利用官方微博微信,全年累计开展 10 余次网络营销活动,先后推出"春季踏青游""五一胶州旅游攻略""初秋水果采摘""开发区啤酒节""洋河乡村慢生活体验节""艾山天文台观星""2017旅游惠民月"等多个系列,吸引众多网友关注和互动。"大热天,到九顶莲花山水上乐园凉快去"活动得到了近18万网络民众参与,"来洋河跑跑卡丁车"阅读量19万人次,使水上乐园、莲花山卡丁车赛场、莲花采摘园、鑫邦蓝莓等一批新开发的乡村旅游点被迅速知晓,有力提升了本市乡村旅游市场的活跃度;"发现经典""山东省大学生旅游节旅游产品""摄影旅游产品"采风活动等反响巨大。

线下推介塑品牌。借力国家、山东省、青岛市举办的"2017中国旅游产业博览会""2017中国青岛世界会议产业日"等活动,积极开展形式多样的宣传推介活动,有力助推"空港新区 金色胶州"旅游品牌"走出去,亮起来"。

应季活动增活力。一季度糖球会、玉皇庙庙会等民俗主题活动助力旅游业实现开门红;二季度各类赏花节、采摘节引来阵阵出游小热潮;三季度洋河慢生活体验节、吴家核桃节、胶北金秋采摘节以及露营、骑行、亲水活动等呈现胶州市旅游的多样性;四季度胶州环少海湖国际半程马拉松赛、滑雪季等旅游活动带热秋冬旅游市场。

3.4.6 顾客导向

加大旅游基础设施建设力度。一是积极开展"厕所革命"。采取多种形式继续加大厕所建设力度,持续改善厕所硬件设施,2017年新建改建旅游厕所46座,总投资300万元。二是着力完善交通集散、景区环境、信息服务等功能,为旅游者来胶旅游提供保障。投入100万元,完成主要交通干道的20个旅游交通指示牌以及大沽河堤顶路上的14块指示牌的改建工作。建成大沽河纪家庄自行车驿站,大沽河旅游信息咨询中心顺利通过验收。三是完善智慧旅游服务体系。推进"互联网+旅游",引导企业推广应用O2O模式,并在有条件的酒店、景区、旅行社实施无线网络全覆盖,完成"旅游微信公众号"升级。

3.5 莱西市

围绕全市旅游工作要点,发挥后休闲体育大会效应,不断深化旅游综合改革,推进全域旅游发展,先后被评为"国家休闲城市综合标准化试点城市""全国生态特色旅游市""山东省休闲农业和乡村旅游示范县"。

3.5.1 资源整合

整合全市历史文化资源,深入挖掘旅游文化教育功能,编制《莱西旅游神话故事》。指导马连庄镇聘请青岛金石旅游规划院编制《山东省莱西市马连庄镇旅游总体规划》,提出以马连庄镇红色文化遗址遗存为核心吸引物,以爱国主义教育、红色文化体验、自然生态观光、乡村休闲度假为主要特色,综合开发各类旅游功能,将马连庄综合打造成"红色吸引人、绿色留住人、情景感染人"的青岛市北部区域旅游热点区域、青岛市红色龙头产品;指导马连庄镇编制《红色旅游河崖景区建设方案》,并指导河崖胶东行署旧址——红色教育基地对外开放。协助指导沽河街道办事处于9月25日组织"追寻梦想 走向辉煌"——长征精神大众旅游万人徒步大会,并聘请北京九鼎辉煌旅游发展研究院编制了《长征精神(莱西)大众旅游万人徒步活动策划方案》,进一步推动大众休闲、全民健身。将夏格庄渭田红色教育基地列入国家旅游项目管理系统,并指导其面向社会开放,积极打造红色旅游基地和爱国主义教育主阵地。

整合旅游项目。先后接待中华公益慈善总会、浙江吉利集团、荷兰 ACSI 集团、青岛旅游集团等大公司参观考察本市资源,商讨共同合作开发本市旅游资源项目;积极与青岛旅游集团洽谈,探讨双方共同出资成立青岛(莱西)旅游集团,推进旅游资源整体性开发、规模化发展,搭建旅游项目落户平台。编制《青岛大沽河休闲旅游度假区基本策划思路》,招引大集团公司开发建设大沽河休闲旅游度假区。加快推进南通三建集团投资 120 亿元的姜山湿地综合开发项目、"仙境海岸"之姜山湿地创新养老项目等开工建设,以大项目带动全市旅游业快速发展。

依托现代农业和民俗文化资源,发挥农业"接二连三"功能,成功指导发展山东省旅游强镇 2 个(沽河街道、河头店镇)、山东省旅游特色村 1 个(河头店镇东大寨村)、山东省农业旅游示范点 7 个(沽源生态园、青岛仙足山风景区、青岛莱河大自然农场、青岛岚桑湖生态园、大好河山葡萄种植示范园、富景农业西湖农园、青岛吉林森工苗木示范园区)、山东省精品采摘园 4 个(青岛双龙泉家庭农场、青岛毅学果蔬专业合作社、青岛福兴源生态园、渭田生态休闲采摘园）、山东省开心农场 2 个（产芝村开心农场、青岛智慧园开心农场）、山东省好客人家三星级农家乐 2 家（魅鑫农家乐、醉孔雀农家乐）、山东省好客人家二星级农家乐 1 家（万和兴酒楼）、山东省工业旅游示范点 2 个（青岛九联集团示范区、青岛道一空优科技有限公司）；成功指导发展青岛市乡村旅游特色村 3 个（日庄镇车格庄村、日庄镇沟东村、日庄镇傅庄村）、青岛市乡村旅游特色点 3 个（莱西湖畔生态农业观光园、莱西市耕夫农田饭庄、莱西市神岭生态休闲谷），争取青岛市扶持资金 90 万元；成功指导青岛沽河花岭农创园创建国家 AAA 级旅游景区，A 级景区发展累计 14 家；指导鲜多多农场、东鲁农业公园、沁楠香休闲岛、山后韭菜生态休闲农业园 4 家景区在全国休闲标准化评选活动中被授予国家级"休闲农庄"称号；指导青岛沽河花岭农创园、神岭休闲谷、吉林森工等 7 家单位成为莱西市第二批青少年校外实践活动基地。

3.5.2 开拓市场

成熟运营官方微信、微博，与山东广播体育休闲频道、QTV-4《开心旅游》《青岛日报》《青岛画报》《莱西市情》密切合作，专题、专版、专刊宣传莱西旅游发展，《莱西市情》的《旅游天地》专版累计刊发 29 期。成立了包含鲜多多农场、沽河生态游乐园等在内的 10 家品牌景区营销联盟，通过宣传折页、宣传海报、青岛地铁围挡广告集中宣传。先后参加 2016 第二十一届北方旅游交易会、第四届澳门国际旅游（产业）博览会、首届中国（宁夏）国际旅游博览会和 2016 中国国际旅游交易会，召开"田园生态，休闲莱西" 2016 莱西旅游推介会，组织驻青岛旅行社代表及媒体记者采风，举办山东半岛城市旅游区域合作联盟休闲旅游论坛等活动，并跟随青岛市旅游局推介促销团赴临沂、济宁、泰安、滨州、东营、长沙、南昌、杭州等地开展"田园生态 休闲莱西"宣传推介。与即墨、胶州、平度、牟平、招远、莱阳、昌邑建立半岛县域旅游战略合作联盟关系，在积极促进客源互送、联合拓展旅游市场、共同营造发展环境、完善旅游合作机制方面开展战略合作。

为持续充分挖掘后休闲体育大会效应，打造"田园生态 休闲莱西"城市旅游品牌，2015 年 8 月至 10 月，市旅游局牵头组织了青岛 2015 世界休闲体育大会胜利举办1周年暨莱西休闲汇活动媒体见面会、"激情盛夏之夜"活动月、莱西市首届旅游摄影大赛、2016金秋万人游大沽河等系列活动,制作纪念休闲体育大会一周年《青岛画报》专刊。11月份,推出主题为"畅游大沽河、休闲在莱西"的惠民月活动,累计发送旅游惠民专车30余车次,组织市民游客2000余人次。全年市旅游局指导镇办先后举办2016·莱西第二届梨花节、首届"国色天香韵、雍容华贵风"牡丹文化节、"紫悦府"2016莱西市第四届大青山槐花节、中国胡萝卜小镇暨第三届店埠胡萝卜文化节等旅游节庆活动70余个,不断延伸旅游功能,拓展节会旅游空间。

3.5.3 加强管理

紧紧围绕《关于推进旅游综合改革试点工作的实施方案》工作部署,聘请青岛金石旅游规划院编制《莱西市十三五全域旅游规划》,加快"夯基础、培要素、强品牌",推动景点旅游模式向全域旅游模式转变。本市旅游综合改革工作在改革综合协调机制、改革旅游发展机制、改革旅游营销机制、改革旅游行业管理机制等方面实现了突破性发展,先后在《青岛日报》以"借休体大会发力 谱休闲旅游新篇""探索创新,先行先试,着力建设全域休闲旅游城市"为题进行专题专版宣传。2015年9月30日,接青岛市旅游局通知:"莱西市旅游综合改革成效显著,试点已满两年,经请示山东省旅游委及相关部门,现已完成,总结销号"。下一步,本市将纳入青岛市"国家级旅游改革先行区"总体考虑,统筹谋划,山东省旅游综合改革试点工作全面结束。

印发《莱西市旅游厕所建设管理工作方案》,指导东鲁农业公园、花岭生态园等景区开展A级旅游厕所建设工作,力争完成百座旅游厕所新建改建任务;赴重庆、桂林、杭州等城市调研学习旅游厕所、旅游景区、旅游公共设施建设管理和文明旅游工作的先进经验和经验做法。根据全市新增乡村旅游点布局,在主要交通路口改建旅游标识牌22块。指导老天宝生态园成功创建"山东省乡村旅游培训基地",先后组织旅游应急救援培训班和全市乡村旅游培训班,切实提高全市旅游从业人员的应急管理和景区管理能力。组织重点镇、重点项目负责人先后赴蓬莱、牟平、黄岛、昌邑、招远等地学习乡村旅游发展先进经验。组织包括马连庄镇管家村支部书记在内的开发潜力大的乡村旅游带头人免费赴我国台湾地区及日本、韩国、西班牙、意大利等地重点学习发展乡村旅游经验。推荐日庄镇后李格庄村等 12 个村庄被列为 2016 年全国乡村旅游扶贫重点村,实施乡村旅游扶贫工程。

召开专题会议部署安全生产工作,与全市 40 余家旅游企事业单位签订 2016 年安全生产目标责任书和经营服务质量承诺书。联合交通、市场监管等部门"集中会诊"沽河游乐园、沁楠香休闲岛安全生产工作,对安全警示标志不明显等安全隐患提出限期整改意见和要求。组织全市星级饭店、旅行社和 A 级景区负责人共 80 余人参加全市突发旅游安全事件应急演练现场会,切实提高旅游企业突发事件应急处置能力。借助安全生产月、应急安全宣传周等活动,充分利用全市各类公益、商业宣传媒体广泛发布安全公益广告和旅游安全宣传信息,通过现场活动免费发放旅游安全宣传材料、组织典型案例点评等多种形式,广泛开展旅游安全宣传工作,提高游客防范意识和自救互救能力,全力营造全市旅游安全生产氛围。

联合青岛市旅游监察大队,对全市 6 家旅行社开展集中检查,清理规范旅行社服务网点 17 家。会同市场监管、公安、交通运输、食药监、物价和消防 6 部门组成联合检查组,重点围绕旅行社经营行为、A 级景区服务质量、星级饭店安全卫生等重要领域、旅游旺季和重要节假节庆时段开展专项检查,切实营造舒适安全的旅游环境。山东省旅游星级饭店评定委员会下发通知,取消青岛源杰大酒店等四星级旅游饭店资格。本市四星级酒店悦海喜来大酒店顺利通过山东省星级饭店评定委员会五年期满评定性复核验收。沁楠香农业生态观光园荣获"2015—2016 年度全省诚信旅游示范单位"荣誉称号。围绕旅游投诉热点和"群旅游""户外游"消费维权难等问题,在重要地段商业 LED 显示屏等平台发布旅游注意事项,同时在《与法同行》节目设置专栏,普及旅游法律法规,播出消费警示短片,加强旅游消费引导。积极参加"12·4"全国法制宣传日活动,重点宣传了《旅游法》、旅游消费及文明旅游法律知识等内容。2016 年共受理旅游投诉 13 件,处结率、满意率均为 100%。

认真贯彻落实"党要管党、从严治党"方针,制定并严格执行《党风廉政建设"两个责任"任务清单》,深入开展以"学党章党规,学系列讲话,做合格党员"为主要内容的"两学一做"主题活动,开展学习型党组织建设。认真贯彻执行《关于开展基层走亲的实施意见》,定期扎实开展基层走亲活动,共开展基层走亲 12 次,走访农户 30 余户,了解群众呼声,关心群众生活。认真

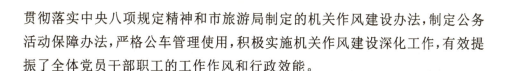

贯彻落实中央八项规定精神和市旅游局制定的机关作风建设办法,制定公务活动保障办法,严格公车管理使用,积极实施机关作风建设深化工作,有效提振了全体党员干部职工的工作作风和行政效能。

3.6 崂山区

以国家全域旅游示范区创建工作为抓手,着力强化旅游行业监管、加大旅游市场秩序整治力度、创新营销宣传模式、精心打造节会品牌,全面推进崂山区旅游发展。

3.6.1 全域旅游

2016 年 2 月,崂山区被国家旅游局确定为"国家全域旅游示范区"首批创建单位。2016 年 4 月,组织召开了全区旅游业改革创新暨创建全域旅游示范区动员大会,明确全域旅游发展战略目标、工作重点和推进举措,凝聚全区力量达成创建共识,营造浓厚的创建氛围。根据国家旅游局《关于开展"国家全域旅游示范区"创建工作的通知》(旅发〔2015〕182 号)要求,结合本区旅游发展实际,拟定了《崂山区全域旅游示范区创建工作实施方案》(以下简称《方案》),《方案》包括指导思想、创建目标、创建时间、创建计划、主要任务、工作保障 6 大方面内容,明确了创建重点工作、责任分工、工作进度及保障措施。《方案》确定了 4 大类 15 项重点工作。一是创新旅游综合管理体制和旅游市场监管机制,探索建立"1＋3"旅游综合协调管理机构和旅游市场综合监管机制。二是通过深入推进"厕所革命"、建设旅游数据中心、完善旅游信息咨询中心体系和旅游交通标识系统等措施,进一步完善旅游基础设施、提升旅游公共服务品质。三是高水平编制全域旅游发展规划,引领全域旅游发展。明确旅游发展定位、发展目标,科学布局旅游产业发展,完善旅游产品体系。四是通过创新营销模式、促进区域协作、打造品牌节会活动等措施,提高本区旅游市场占有率和品牌影响力。全域旅游示范区创建工作实施方案已经区政府常务会研究通过,目前全域旅游示范区创建工作办公室正在对《方案》责任分工及推进时间节点进行细化,各项工作已全面有序推进。

3.6.2　强化监管

营造安全有序的旅游环境。一是创新安全监管模式,确保本区旅游行业安全、健康发展。旅游局通过购买旅游安全服务的方式,提高旅游行业安全管理的专业性和连贯性。委托立源安全管理公司定期对极地海洋世界、石老人观光园等 10 家 A 级景区和 8 家星级酒店进行安全生产检查,及时发现安全隐患,协助督促景区进行整改,确保了旅游市场安全有序,为游客提供了良好的旅游环境。二是组织区内旅游企业在极地海洋世界进行应急演练,就发生疑似爆炸物反恐防暴、突发火灾、游客踩踏等事件进行专项演练。通过演练,进一步规范了应急处置流程,提高了应对突发事件快速有效处置的能力。三是做好行业培训工作。组织本区重点旅游企业参加市旅游局安全应急培训专题培训,不断提升企业的安全应急管理水平。同时,邀请崂山消防大队、市旅游局旅游监察大队对本区旅游企业开展消防安全及旅游投诉受理和处置专题培训,提升企业消防工作管理水平及旅游投诉处理能力,快速处置各类旅游投诉和突发事件。四是积极推进 A 级景区创建工作,2016 年以来,崂山区旅游局认真做好协调指导工作,积极与省、市相关部门联系,全力开展 A 级景区创建工作,2016 年新增 AAA 级景区石湾景区、青岛市博物馆。

规范旅游市场秩序。一是不断加强旅游执法队伍建设,积极探索创新旅游市场监管机制。组建了由旅游、公安、交警、交通等部门组成的"旅游联合执法办公室",并与 4 个街道办事处和区相关职能部门建立起旅游市场综合整治联动机制,加大旅游市场秩序整治工作力度。旅游联合执法办公室从 2016 年 4 月份到 10 月份开展常态化执法巡查,重点对崂山路、辽阳东路、滨海大道等旅游沿线"黑车、野导"集中出现区域进行联合执法检查,劝诫疑似非法拉客车辆 57 车次,受理旅游投诉 60 余起,为游客挽回经济损失 11 万余元。二是组建了旅游投诉快速处置办公室,及时处理旅游投诉,尤其是在"五一""十一"假日期间各相关职能部门集中办公,快速高效处置旅游投诉。截至目前,共检查相关责任主体 48 家,派出执法人员 150 人次,处理旅游投诉 150 余起,约谈旅游企业 3 家,为游客挽回经济损失 10 余万元,未发生重大旅游投诉和网络舆论事件。三是建立了全区旅游秩序整治工作联席会议制度,制定、下发了《崂山区旅游市场秩序整治工作方案》,组织召开了全区市场秩序综合整治工作专题会,在全区上下形成了通力合作、齐抓共管的良好局面。四是加强重点旅游景区的综合整治,确保景区市场秩序井然。针对极地海洋世界客流量较大的实际情况,成立了极地海洋世界旅游秩序整治办公室,入驻景区。区城管执法局、交通运输局、市场监管局、食药局、旅游局、崂山交警大队相关工作人员顶烈日战酷暑,采取轮值带班的方式,依据各自相关职责,齐抓共管,相互配合,在景区游客高峰期,积极开展整治、安全检查工作,初见成效。

3.6.3 品牌创建

推动乡村旅游品牌建设。一是以创建国家级全域旅游示范区创建为契机,结合美丽乡村建设工作,着力强化品牌建设,完善基础配套设施、加强行业监管,推进全区乡村旅游提质增效,为开展省、市级乡村旅游称号的创建工作奠定基础。2016 年 12 月 14 日省旅游委正式下发了《关于命名山东省旅游强乡镇、旅游特色村、工农业旅游示范点、精品采摘园、开心农场和好客山东星级农家乐的通知》,其中本区王哥庄街道西山社区、北宅街道慕武石社区、下葛场社区荣获"山东省旅游特色村"称号,碧海蓝田农业示范基地荣获"山东省农业旅游示范点"称号,崂山蓝莓生态园荣获"山东省精品采摘园"称号,崂山区小时候开心农场荣获"山东省开心农场"称号,青岛凯旋四季庄园、崂山区大白菜酒店、老尹家农家宴饭店等本区 16 家农家宴荣获"山东省好客人家农家乐"称号。二是开展了乡村旅游复核工作。2016 年 7 月上旬对本区乡村旅游单位进行了一次全面复核。包括旅游强镇 3 个,旅游特色村 12 个,农业旅游示范点 5 个,好客人家星级农家乐 21 个,精品采摘园 8 个。除崂山菜馆星级农家乐停业外,其他 40 家单位全部通过复核。三是加强业务培训,提升管理服务水平。于旅游旺季来临前各街道多次组织区内旅游强镇、特色村、特色点、农家宴的负责人及业务骨干进行乡村旅游培训。四是联合环保、卫生、工商、消防等职能部门对现有农家宴经营户开展季节性、针对性的检查,重点对食品卫生、污水排放、消防安全等方面加强监管力度,并督促建立信息登记和上报制度,营造良好的行业秩序和经营环境。

精心打造节会品牌。一是成功举办了第 26 届青岛国际啤酒节,汇聚了青岛啤酒、崂特啤酒等本土啤酒以及德国柏龙、德国威麦等来自 22 个国家的

400多种世界知名啤酒品牌参节,增设了丽达餐饮娱乐一条街、云岭路特色酒吧街区、金狮广场、鲁商凯悦大酒店、弄海园海景酒店、御厨海鲜酒店等6处街区活动点。本届啤酒节首次实现了零投诉、零信访、零事故、零治安案件,凸显了"文化、休闲、精品、特色"的崂山办节特色,为广大参节游客创造了时尚、优雅、喜庆、祥和的参节氛围,游客参节舒适度大幅提升。同时,充分利用从票面广告到分布于啤酒城内外的大型广告牌等节日广告资源,做好崂山区公益宣传,将啤酒节作为展示本区三大平台建设成就的重要宣传阵地。二是成功举办了2016年"北宅樱桃节""沙子口鲅鱼节""崂山茶文化节""枯桃花会"等节会活动,大力推介特色旅游产品,提升区域知名度。据统计,上半年中韩、沙子口、王哥庄、北宅等街道共接待游客273.3万人,实现经济收入3.57亿元。其中,第21届北宅樱桃节共接待游客55万人次,实现旅游收入8652万元;2016年沙子口鲅鱼美食节暨旅游休闲季共接待游客16.8万人次,实现相关收入820万元;王哥庄茶节共接待游客35万人次,实现相关收入5500万元。

提升崂山旅游品牌影响力。一是对接省、市贺年会活动主旨,成功举办了"好客山东,做客崂山"贺年之旅主题活动。区各相关单位联合旅游企业策划推出了2016年"福道崂山"贺年礼、农家冬趣、"山里人家过大年"活动,有效拉动了旅游消费。二是充分利用专业门户网站、微信公众号等新媒体的公众传播优势,加大崂山旅游宣传力度。委托目前全国最大的乡村旅游推广平台"乡聚网"重点对本区200家农家乐、渔家乐、特色旅游点进行宣传推介,实现线上预订,树立全新的崂山区乡村旅游整体形象。开通了"悦行崂山""悦行崂山今日头条"两个微信公众平台,加强旅游品牌的推广及旅游形象的塑造。在腾讯网、青岛电视台、青岛新闻网等媒体设立啤酒节专题,加强对节日的宣传营销。三是编辑、制作了内容丰富、特色突出、综合性强的旅游杂志《悦行崂山》,提升崂山旅游的文化品质。四是开展惠民月活动。根据市旅游局统一部署和要求,紧紧围绕"走进旅游、走近幸福"主题,结合本区实际情况,组织开展了一系列旅游惠民主题活动和城乡互动游活动。五是通过参加旅游交易会宣传推介本区旅游资源。分别参加了2016年中国国际(上海)旅游交易会、2016年山东(济南)旅游交易会等展会,对本区旅游资源进行专场推介,全力提升崂山旅游知名度。

3.7 李沧区

紧紧围绕"努力打造宜业宜居宜身宜心的创新型花园式中心城区"的奋斗目标,以全域旅游理念,高点谋划工作,狠抓工作落实,积极打造亮点,旅游工作整体水平显著提高。

3.7.1 主题聚焦

一是营造"2017好客山东"贺年会良好氛围。贺年会期间在全区6条主要街区悬挂以践行社会主义核心价值观为主要内容的贺年灯笼528个,在全区星级饭店、旅行社、A级景区及大型购物场所发放张贴"贺年会"海报3000余份,进一步培育旅游消费热点,吸引中外游客畅游李沧,喜迎新年。

二是以"梅好李沧"为主题,启动早春踏青季系列旅游活动。2017年3月7日,全市"追梦青岛·享约春天"旅游系列活动启动仪式在本区3A级景区竹子庵公园举行,开启了全市早春踏青从李沧出发的旅游模式。3月12日至4月20日,第十九届中国·青岛梅花节开幕。本届梅花节共吸引了45万人赏梅,创历史新高,节会交通、环境等保障工作细致扎实,节会期间秩序井然。

三是做好"旅游+体育"活动。3月25日,2017青岛李沧·LOVERUN国家地理亲子路跑活动开跑,共吸引600组家庭参加。此次活动是青岛乃至山东首次举办国家地理主题路跑活动,也是本区首次举办的高端"旅游+体育"活动。同时,助推了李沧全域旅游事业的发展,对提升李沧旅游形象,扩大李沧旅游知名度和美誉度起到了积极作用。

四是开展"5.19"中国旅游日活动。邀请专家走进社区为市民深入解读《旅游法》,提高市民的依法维权意识,同时组织多家旅行社进行文明旅游公益宣传活动。在景区设置爱心助游处,为游客免费提供热水和文明出行宣传材料,组织志愿者劝阻游客不文明行为。发动组织旅游景点推出优惠门票、旅行社推出特色优惠旅游线路。

五是开展了第三届青岛茶文化节李沧分会场暨第七届青岛·李沧茶文化旅游节活动。活动期间,组织区茶商参加了第三届青岛茶文化节开幕式并参与中国茶叶流通市场"高峰论坛"活动。组织茶企参加全市组织的"青岛十大绿茶评选"活动。开展了"以茶润德　静美校园"为主题的茶文化进校园活动。

六是举办 2017 年青岛李沧旅游惠民月。积极协调区内企业参加旅游惠民活动，推出面向全体市民，特别是低收入市民群体的旅游活动和惠民措施，组织多条旅游惠民线路开展"城乡互动游"，并开展文明旅游进社区主题活动等。

3.7.2　整合营销

一是举办了"摄影名家拍李沧"大型新闻摄影采访活动。以早春踏青季为契机，邀请中央、省级主流新闻骨干摄影记者用摄影的方式走进李沧、记录李沧，宣传李沧的巨大变化。新华社、人民日报、中新社等中央媒体共发稿 17 篇。省市级媒体共发表稿件 44 篇，收集高质量图片 200 余张，制作活动纪录片 1 部。本次活动是我们首次邀请高层次主流媒体聚焦本区旅游工作，取得了良好的效果。

二是加大新媒体、自媒体的宣传。2017 年首次采取网络直播的形式与网易青岛、掌控传媒等网络媒体进行深度合作，分别对第十九届中国•青岛梅花节和 2017 青岛李沧•LOVERUN 国家地理亲子路跑活动进行现场直播，据统计梅花节直播当天网友点击量超过 12 万，路跑活动当天直播链接关注以及点击量超过 8.7 万余次，实现了"网聚人的力量"，吸引了更多的市民及网友朋友关注李沧旅游，爱上李沧旅游。充分利用山东省李沧区旅游官方微信、微博发布原创作品 400 余条。李沧在线发布政务信息及旅游工作动态 300 余条。

三是深度开发新的旅游宣传载体。多种形式做好李沧旅游目的地营销推介，编印了《畅游李沧》漫画版、《文明旅游宣传册》，制作了李沧旅游工作宣传片 1 部，不断增强广大游客对本区旅游资源的认知度和知晓率，不断提升本区的旅游形象。

3.7.3　加强监管

开展联合检查。共检查 A 级景区和星级酒店 16 家，发现问题 25 个，进行现场指正，限期整改。开展不间断的旅行社检查。共组织 132 人次检查，检查单位 54 家，发现问题 37 个，全部得到整改。迎接了国家旅游局、省、市旅发委市场秩序整治春季行动小组对本区旅行社的检查。共检查旅行社 3 家。接到上级转办各类投诉 9 件，12345 转办 21 件，12301 国家旅游质量监督平台 2 件，电话投诉 7 件，全部处理办结。

加强旅游行业管理工作。全年新增旅行社总社 1 家，网点 23 家。目前，旅行社增至 23 家，分社 6 家，网点 91 家。青岛华顺国际旅行社获批国家 4A 级旅行社，为李沧区首家 4A 级旅行社。青岛春秋国际旅行社、宝龙假期国际旅行社获评国家 3A 级旅行社，区内国家 3A 级旅行社增至 5 家。百果山森林公园获批国家 4A 级景区，区内国家 4A 级景区增至 2 家。青岛世界园艺博览园、伟东乐客城两家景区获评首批"青岛市智慧景区"。

全力做好安全生产监管工作。一是成立了李沧区旅游安全应急工作领导小组，负责指挥协调处理辖区内发生的突发旅游应急事件。二是举办了 2017 年旅游企业安全生产培训班，与旅游企业签订安全责任书，加强旅游市场联合执法力度。三是聘请安全生产咨询公司相关专家对区内旅游企业展开保健式安全生产检查工作，共检查旅游企业 35 家，提出整改建议 115 条。四是为旅游企业制作实名制牌子发放到企业。五是督导旅游企业进行安全生产自查，采取"四不二直"方式到旅游企业进行抽查，联合相关部门对旅游企业安全生产进行检查，检查发现问题 28 个，已全部整改。六是加强宣传教育。充分利用中国旅游日、安全法日、普法日加强安全生产法律、法规和安全生产知识的宣传。

🔍 3.8 平度市

围绕平度"1＋4"战略定位，全面完善基础及服务设施，积极优化产业发展环境，大力拓展客源市场，全市旅游业呈现出快速突破发展的大好局面。

3.8.1 项目推进

总投资 80 亿元的蓝树谷项目 57 个场馆主体工程全部竣工，5 月 27 日 31 个场馆试营业；总投资 26 亿元的旧店航空小镇暨慈航通用机场项目和总投资 30 亿元的东阁七色山休闲旅游项目正式开工建设；国家农业公园项目落户店子镇，桃李春风健康产业园、茶山民俗村、茶山休闲农业、北方茶山等多个旅游项目签约和开工，完成投资超过 2 亿元；总投资 10 亿元的三合山景区开发建设全面推进,成功打造花海景观;总投资 30 亿元的安徒生童话乐园签约并完成选址;全市旅游发展呈现出龙头带动、遍地开花的可喜局面。

成立青岛北部景区联盟,惠民政策持续派送。2017 年 11 月惠民月期间,实行景区门票半价优惠,组织各镇(街道)发送旅游大巴 17 辆,分批到景区参观游览,活动惠及平度群众 3 万人,淡季旅游市场再掀新高潮。为响应国家"美丽中国,2018 全域旅游年"号召,共享青岛北部旅游资源和市场,2018 年1 月 25 日,由平度和莱西旅游局发起成立了两市 21 家景区组成的"青岛北部旅游景区联盟"。平度旅游牵手莱西旅游,将两市旅游资源推向青岛全域,实现发展成果全民共享,在实现旅游一体化发展方面探索出新路径。截至目前,平度面向青岛部分区(市)发放旅游惠民卡 15 万张,推动旅游发展成果全民共享。

3.8.2 品质提升

创建国家 3A 级景区,旅游标准化水平不断提升。聘请山东省和青岛市旅发委专家集中培训和现场指导,加快推动景区标准化建设步伐。2017 年11 月蓝树谷、三合山成功获评国家 3A 级旅游景区。截至目前,本市共有 4A级景区 1 处,3A 级景区 4 处。平度旅游提档升级成效显著,初步具备二、三日游条件。2017 年争取上级扶持资金 300 余万元,新建和改建 A 级旅游厕所 70 余处,同时在厕所建设管理机制、人性化服务水平和如厕文明宣传等方面下功夫,游客满意度和舒适度不断提升。

民宿村建设突飞猛进,乡村旅游如火如茶。依托景区,突出特色,重点打造了大泽山响山潘和北蒋家、云山西宋戈庄、旧店东石桥和九里夼、古岘一里和二里、仁兆张家曲堤、田庄官北等民宿村落,完成资金投入 2 亿元,村庄外部风貌整治全面完成,民宿房舍租赁、装修等工作紧锣密鼓推进,部分民宿有望近期开业。为古岘、仁兆、南村三镇各争取青岛扶持资金 30 万元完成乡村旅游规划。对 150 余名乡村旅游从业人员进行了系统培训,进一步提升了乡村旅游经营单位规划、运营以及服务水平。成功创建省级旅游强镇 1 处、旅游特色村 4 个、旅游特色点 2 处、工农业旅游示范点 2 个、星级农家乐 1 处;创建青岛市旅游特色镇 1 处、旅游特色村 3 个、旅游特色点 2 处。

旅游大环路一期竣工,交通大格局全面构筑。总投资 10.6 亿元的旅游大环路一期工程竣工(大泽山、店子和东阁区域),葡萄节期间道路畅通,极大地提高了游客体验度,全部工程计划 2018 年 9 月完成。大环路充分考虑了旅居慢游功能,休憩驿站、交通标示、节庆广场等配套设施齐全,让来平度的游客真正感受到了平度良好的旅游环境。另外,投资 1300 余万元的大泽山风景区盘山路整修工程已全线通车。

3.8.3 营销创新

央视 7 套《食尚大转盘》栏目相继对本市马家沟芹菜及崔家集西红柿进行了专题拍摄报道;央视《美丽中华行》推介平度;全球首档孩子与狗成长挑战综艺秀《小手牵小狗》在茶山拍摄,茶山秀美风光推向全国;大泽山葡萄节期间,今日头条开屏广告宣传、现场直播,平度知名度和美誉度大幅提升;《人民日报》《青岛日报》《半岛都市报》及腾讯、凤凰、网易、搜狐等知名媒体累计报道平度旅游 300 余次。"请进来"与"走出去"相结合,组织景区先后在平度及周边县市召开旅行社推介会 12 场,与 400 余家旅行社达成合作协议,有效激活了周边旅游市场。2017 年平度共接待游客 545 万人次,实现旅游总收入 23.2 亿元,同比分别增长 21%、22%,皆创历史新高。

3.9 市南区

围绕全市国际化旅游目的地城市建设战略目标,以建设时尚幸福的现代化国际城区为核心,促进新型业态融合,推动时尚产业发展,构筑全域旅游发展格局,2017 年旅游消费总额突破 400 亿元,旅游业已成为重要的支柱产业。

3.9.1 全域旅游

坚持世界眼光,发展国际标准的旅游业。按照市南区十三届党代会和 2017 年政府工作报告部署,以"三湾一带"统筹区域发展格局,发挥时尚元素聚集优势、山海岛湾城自然优势、历史人文优势,大力发展入境游、商务会展、休闲度假等高端旅游,对引入旅游客源、创新升级等项目奖励扶持 580 万元,促进旅游业提质增效、全域发展。

加强品牌优势,完善全域旅游产品体系。在"最美海湾""深游市南""大师之旅"等主题线路的基础上,结合文博场馆、特色历史建筑、经典赏花地、地铁沿线旅游资源,设计推出往事寻踪游、四季赏花游、时尚婚恋游、地铁沿线游等线路,初步形成辐射全域的"最美海湾"旅游产品体系。

依托主题活动,活跃旅游消费市场。促进节日和淡季旅游消费,开展中国旅游日、旅游惠民月等系列活动,联合8家惠民景区送出价值10万多元的1600张门票,设计推出16条城乡互动游线路,开通30余辆旅游惠民车,惠及民众上万人。

3.9.2 产业融合

文化旅游融合促发展。依托栈桥书店、良友书坊、青岛文学馆、嘉木艺术博物馆、啡阅青岛等文化项目,形成"青岛湾"特色文化旅游区。依托水师饭店旧址打造以电影艺术文化为主题的城市文化客厅——1907光影俱乐部,落户青岛首个电影博物馆,《电影之都城市青岛宣言》的发布地,力助青岛获评世界电影之都。依托安娜别墅旧址推出"青岛书房",打造集图书销售、主题沙龙、公共展览、文创设计、德式餐厅等功能于一体的体验性、开放性城市公共休闲空间。

文物旅游融合换新颜。依托文保单位和历史建筑,重点推进八大关万国文化建筑博览汇项目建设,太平湾现代艺术展览馆、地质之光展览馆、郭沫若书房、西班牙风情馆、青岛遇见米兰、德国黑森林音乐餐厅等10个场馆相继开放,打造集历史文化、艺术品鉴、休闲娱乐于一身的可体验的公共文化景区,让老建筑焕发新活力。

其他产业融合提品质。推动旅游业与海洋、会展、体育、健康等其他相关产业的深度融合。依托一疗、二疗、青疗等医疗资源及疗养机构,推出医养结合、养生度假等项目。依托国家海洋科研中心优势,整合中国海洋大学、青岛海底世界等资源,促进海洋主题的研学旅游发展。依托婚恋元素集聚优势,成立青岛婚恋旅游产业联盟,构建集婚纱摄影、婚庆服务、婚恋度假为一体的婚恋旅游产业链条,培育新的旅游增长点,形成新动能。

3.9.3 节会效应

传承赏花文化,策划实施2017年青岛赏花会。设计发布5条经典赏花路线,采取赏花路线与街头艺术展示相结合的形式,组织意大利三维地画、管弦乐赏听等具有国际水准的街头演艺 10 余场。开展赏花会 LOGO 征集、"亦花·亦世界"当代艺术名家邀请展、首届中国(青岛)诗歌节等活动,设计印制 5 万份时尚赏花地图,营造"春意市南·时尚花开"的浓郁氛围。

立足国际视野,举办青岛国际婚恋节。通过举办国际婚尚流行趋势发布会、国际婚恋产业高峰论坛,邀请 10 个不同国家及城市的 20 对新人参与"穿着婚纱去旅行"活动,引入国际化元素,提升婚恋节的国际辐射力。依托海尔洲际、港中旅、圣瓦伦丁等 40 家知名婚恋旅游企业成立产业联盟,形成产业发展合力。新华社、美国《国家日报》、Facebook、Twitter 等国内外媒体进行了报道。

突出时尚元素,打造高品质节会品牌。举办 2017 青岛·市南国际管乐艺术节,10 余位世界顶级双簧管大师为青岛奉献天籁之音。2017 中国(青岛)国际时装周邀请来自中国、法国、泰国、日本等多个国家和地区的著名新锐设计师,为岛城观众献上了 26 场时尚大秀。首届太平湾啤酒音乐节依托八大关太平角万国建筑博览汇项目,组织了 10 余场高水平演出,促进了啤酒、文化、音乐、老建筑汇聚融合。

3.9.4 整合营销

做好城区形象推介。围绕"花开四季""老城记忆""时尚市南""婚恋海岸" 4 个主题,举办 2017 青岛·市南第三届摄影大赛,吸引了 197 名摄影专业人士的热情参与,征集作品多达 2101 幅,最终评选出 138 幅摄影作品,发放奖金合计 47200 元。组织摄影大赛获奖者参与"2017 孔子家乡·好客山东"国际旅游摄影大赛。协助市旅发委做好世界摄影大会,面向海内外推介本区优质旅游资源。

加大市场宣传力度。2 期共购买 5000 本《漫步青岛》,参与首发式、上海站、北京站等漫步青岛全球传递活动。跟随市旅发委开展"红瓦绿树,碧海蓝天"青岛旅游推介会,积极开拓国内旅游客源市场,全面推介城区旅游资源。做好"好客山东国际大学生旅游节"的相关工作,设计大学生自助游线路,收集旅行社推荐线路及景区优惠措施。

加强旅游媒介营销。完善微信、微博、头条号等智慧旅游营销体系,年均组织线上旅游营销活动近百次,全平台推送内容访问量累计超过 2000 万次。

通过报刊、互联网等平台,年均组织旅游宣传 1000 余篇次。拍摄中英文旅游宣传片《天赐湾城》,出版《青岛时尚》杂志,编制赏花地图、韵味老城等推介载体,全方位提升城区旅游形象。

3.9.5　加强监管

狠抓安全生产,打造"平安旅游"。严格落实企业主体责任,组织 2 次安全生产工作培训会议,举办"2017 年市南区旅游景区安全应急演练",企业《安全责任书》签订率 100%,编纂制作 5 万册《青岛市市南区旅游安全手册》免费向游客发放。开展应急演练,参演人员达 100 余人。引入第三方参与旅游安全生产检查,排查出一般安全隐患 360 余处,向区安委办、区消防通报安全隐患 147 处,保障辖区旅游行业安全形势稳定。

整治旅游市场秩序,构建"诚信旅游"。围绕"五一"、国庆、中秋等重要时间节点,开展 3 次旅游行业服务质量专项检查,全年检查旅游企业 300 余家次,申请撤销星级饭店 1 家、5A 级旅行社 1 家、3A 级旅行社 1 家。率先在 45 家星级饭店、A 级旅游景区、重点旅行社创建首席调解员制度,受理办结旅游投诉举报 675 件,为游客挽回经济损失 65 万余元。

推进企业创优争先,打造"品质旅游"。港中旅、中旅总社、超逸、海底世界等 9 家单位被省旅发委评为全省文明旅游先进单位,占全市总数的 32.1%。新增 3 家 A 级旅行社,辖区 A 级旅行社数量占全市总量的 41.2%。

完善基础设施建设,倡导"文明旅游"。强化旅游信息咨询中心建设与管理,全区 5 家咨询中心接待游客总数达 20 余万人次。提报新建改建旅游厕所计划 13 处,缓解了旺季游客如厕难问题。在 A 级景区、咨询服务中心设立学雷锋志愿者服务岗,组织 200 余名文明旅游服务志愿者积极参与文明旅游工作。

提升酒店服务质量,助力"转型升级"。成立酒店提升工作组,按照"一店一策、一店一方案"标准,通过召开专题研究会、现场调研、实地督导等方式,全力推进重点酒店转型升级提升服务质量工作。

4

青岛市乡村旅游产业发展的实践

4.1 崂山区

崂山区辖中韩、沙子口、王哥庄、北宅4个街道办事处，是一个以山海为主体，既有田园风光又有山乡特色，既有陆域风情又有海滨美景的独特区域，曾先后被誉为中国樱桃之乡、中国江北名茶之乡和中国民间艺术之乡。

崂山区内乡村旅游资源丰富，自1996年，先后有60余个社区开展了旅游项目，农家采摘户、农家宴、农家旅馆等总量近千户。目前拥有农业旅游示范点12家，其中国家级农业旅游示范点4家（崂山北宅生态旅游区、青岛石老人观光园、百雀林生态观光园、崂山茶苑），省级农业旅游示范点6家（青岛万里江茶场、锦绣山河、二月二农场、凤凰山庄、北涧天一顺生态观光园、碧海蓝田农业示范基地），市级农业旅游示范点2家；省级旅游强镇3个（沙子口街道、北宅街道、王哥庄街道），市级旅游强镇1个（中韩街道）；省级旅游特色村18个（晓望社区、会场社区、解家河社区、曲家庄社区、港东社区、西山社区、石老人社区、枯桃社区、西麦窑社区、东麦窑社区、大崂社区、北涧社区、我乐社区、七峪社区、南北岭社区、双石屋社区、慕武石社区、下葛场社区），市级乡村旅游特色村9个；省级精品采摘园11个（青岛红缨生态园、大崂樱桃谷、天一顺采摘园、会场采摘园、九水采摘园、北宅老李家樱桃园、晖流果蔬采摘园、慕武石果蔬示范园、玉鼎泉采摘园、迦南美地生态观光园、崂山蓝莓生态园）；省级开心农场4个（沐恩格林农场、圣罗尼克庄园、老雷家开心农场、小时候开心农场）；全区44家农家乐被评为山东省省级农家乐，其中凯旋四季庄园被评为五星级农家乐。2015年,晓望社区、东麦窑社区被授予"中国乡村旅游模范村"称号,圣罗尼克庄园被授予"中国乡村旅游模范户"称号,玥竹山庄、尹家乐农家宴饭店等7家农家乐被授予"中国乡村旅游金牌农家乐"称号。目前,全区农(渔)家宴、民宿旅馆总量达1100余家,床位8000余个。成功打造了东麦窑"仙居崂山""微澜山居""乐活美宿"等精品主题民宿,初步形成了以"山海风光、渔村民俗、休闲度假、体育健身、商贸节会、道教文化"为特色的旅游资源体系。

4.1.1 科学管理

健全机制,落实保障,完善旅游工作领导机制。成立了全区旅游工作领导小组,定期召开旅游调度会,针对旅游各个层面的问题,采取"部门联动,各负其责,多口扶持"的方式,及时协调解决,为乡村旅游的发展提供了良好的环境;将旅游工作机构延伸到街道,4个街道都设立旅游产业发展中心,配备专职工作人员,强化街道一级的旅游管理能力;整合和盘活现有的旅游资源,努力将崂山深厚的自然禀赋和文化底蕴有机融合在一起,构筑以沿海一线、滨海大道两大旅游产业带为主轴,以中韩、沙子口、北宅、王哥庄4个街道为依托,以海洋、生态、节会、人文、民俗、商贸为6大主题的乡村旅游发展大格局,促进乡村旅游由单一型向复合型、休闲型和文化型转变。

政策扶持,配套联动,推动乡村旅游转型升级。区委、区政府制定并实施了一系列激励乡村旅游发展的政策措施,扶持乡村旅游发展。一是年度从财政预算中预留项目扶持资金,加大对项目规划、旅游标识、休闲设施的扶持力度。目前,已扶持发展了东麦窑仙居崂山民宿、青山渔村、二龙山景区、二月二农场、会场渔村、港东渔码头、大崂樱桃园等乡村旅游景区(点)。二是鼓励村集体、有实力的企业和个人入股各类乡村旅游项目建设,并抓好道路修建、生态保护、农村改厕等配套工作,保障游客进得来、出得去、住得下。三是制定了《崂山区星级农(渔)家宴评定标准》《崂山区星级农(渔)家宴管理办法》等行业标准,对生态园、农家宴、家庭旅馆等实行统一规范、统一挂牌、统一管理,推动乡村旅游的规范经营。

美丽乡村建设夯实乡村旅游提质增效基础。崂山区委、区政府2016年初启动了美丽乡村建设行动,成立了"美丽崂山行动及特色小镇建设"总指挥部,下设美丽中韩暨主城三山指挥部、美丽沙子口暨景区南线中线指挥部、美丽王哥庄暨景区东线指挥部、美丽北宅暨景区西线指挥部,建立起"一四三"领导工作架构,全面启动了崂山美丽乡村建设行动。具体包括:① 科学编制美丽乡村规划。坚持统筹规划、因地制宜、一村一策的原则,注重挖掘社区历史遗迹、风土人情、风俗习惯等人文元素,充分体现海、山、河及宗教、民俗、文化、物产等特色。② 全面开展环境卫生整治。以打造"干净、整齐、美丽"的环境为目标,街道办事处开展了治理污水、垃圾、违建等问题的环境卫生综合整治工作。完成农村改厕 7701 个,构建起覆盖城乡的大环卫格局,农村面貌焕然一新,乡村环境优美、整洁。③ 统筹推进"三线一片"景观改造工程。突出抓好沙子口健身广场等一批重要节点设计,加快 39 条农村道路的整修、亮化及景观建设,整体提升景区东线、南线、北线三条道路沿线的景观环境,加快推进浮山、金岭山生态公园建设。④ 抓好美丽乡村精品示范村建设。首批启动青山、解家河、南北岭、双石屋等美丽乡村精品村建设,组织实施示范村的基础设施综合管线工程,开展村庄绿化美化、房屋外立面美化、公共场地美化等工程,美化了乡村旅游环境。⑤ 策划特色旅游小镇建设。初步策划海信科技小镇、歌尔设计小镇、王哥庄健康养生小镇、大河东崂山民俗小镇等特色小镇建设,为产业发展提供支撑和动力。

4.1.2 立足特色

在实施旅游发展措施方面,立足现有的资源和优势,重点抓好特色节会、特色品牌、特色商品"三大板块"。

举办特色节会。依托北宅街道的生态资源、沙子口街道的山海资源、王哥庄街道的崂山茶资源、中韩街道的花卉资源,打造了"北宅樱桃节""沙子口鲅鱼节""崂山茶文化节""中韩枯桃花会"等节会活动,将崂山区打造成集"赏花卉、吃樱桃、品香茗、休闲游"于一体的新型生态观光旅游区。

打造特色品牌。先后推出以渔家旅馆为载体的"山海人家"、以农家宴为主的"山里人家"、以体验茶园风情为主要内容的"茶乡人家"乡村旅游品牌。2015 年高标准打造了东麦窑"仙居崂山"主题民宿,成为乡村旅游的一张亮丽名片。品牌建设有效提升了乡村旅游的知名度、美誉度和影响力。

推出特色线路。深入挖掘北宅、中韩、沙子口、王哥庄 4 个街道的旅游资源特色,推出"崂山十大乡村旅游特色村",推出"渔家体验在青山""赶海垂钓去会场"等10大旅游主题,依托这些资源和产品,精心设计了10余条乡村旅游特色线路,打造融观光、休闲、体验于一体的崂山乡村旅游特色线路。

评选特色商品。通过组织"崂山十大特色产品""群众喜爱的地方品牌"评选等活动,向社会推出崂山矿泉水、崂山绿茶、北宅樱桃、金钩海米、沙子口鲅鱼、流清河银鱼、王哥庄豆腐、会场蟹子、崂山刺参、崂山茶枕等30多个特色旅游商品,拉长了乡村旅游产业链条。

4.1.3　模式创新

在推进乡村旅游发展进程中,倡导"各唱各的拿手戏,各打各的优势仗",大大激发了乡村旅游的内在活力,走出了4种富有成效的旅游发展模式。

政府、社区、农户混合发展模式。东麦窑"仙居崂山"民宿属于该类模式。"仙居崂山"民宿由社区提供闲置农房,崂山风景管理局旅游集团公司、沙子口街道、崂山区旅游局出资2000万元,分3期打造。居民根据房屋面积每年获得收益,每5年递增10%,有效地实现了富民增收。

社区集体投资经营发展模式。石老人观光园、二龙山景区、枯桃花会交易中心等属于社区集体投资经营发展模式,这些旅游项目分别属于不同的社区,通过引进专业管理公司或管理人才负责项目的日常经营管理,产生了良好的经济效益,成为乡村旅游的亮点。

"公司+农户"发展模式。西麦窑社区、流清河社区的"山海人家"和晓望社区的"茶乡人家"都是"公司+农户"模式,由社区出资成立旅游公司,对外承揽旅游业务,对内实行统一标准、统一管理,农户则提供闲置住房和餐饮等服务,极大地增加了农户收入,带了农村经济发展。

公司独立运作发展模式。华东葡萄酒庄园、四季庄园、百雀林观光园、万里江茶场等20多个生态园区都属于公司独立运作发展模式。其中,华东葡萄酒庄园作为按照欧洲葡萄酒庄园模式建造的中国第一座欧式葡萄酒庄园,打造了独具特色的葡萄园、葡萄文化长廊、观光厅、雕塑园、华东酒窖、花果山、农家院等旅游景点。

4.2 城阳区

城阳区坚持以科学发展观为统领,以打造青岛近郊旅游目的地为目标,突出"登山健身、农业体验、滨河生态、历史人文"4大旅游板块,旅游业持续健康发展。截至目前,全区已有A级旅游景区6处,旅游咨询中心4处,山东省工农业旅游示范点23家,青岛市工农业旅游示范点5家,山东省旅游特色村10家,青岛市乡村旅游特色村9家,乡村旅游合作社11个,旅游厕所近30个。2013年,城阳区被评为全国休闲农业与乡村旅游示范县,青岛宫家巨峰葡萄生态园被评为全国休闲农业与乡村旅游示范点。2015年山色峪社区、鸿得源现代农业科技示范园的王倩、民超生态游乐园的刘泽聪、夏庄王家曹村的王功德分别被评为国家乡村旅游"千千万万"品牌荣誉单位和个人。2016年山色峪樱桃节、宫家村葡萄节被评为青岛市十大优秀乡村旅游节会。2016年接待游客506.5万人次,实现旅游直接收入16.2亿元,同比分别增长4.7%和13.8%。

乡村旅游是城阳旅游业中发展最快的一个板块,从全市来看,城阳乡村旅游和农业旅游资源不是最好、最丰富的区,却是乡村旅游发展最好的区市之一,青岛市近郊最佳旅游目的地已基本形成。主要有以下特点:时间覆盖全年,从1月份草莓采摘节开始,5月份樱桃节,6月份红杏节,8月份葡萄节,直到11月底的秋收节,旅游时间基本覆盖全年,旅游活动四季不断档。规模横跨东西,在东部夏庄、惜福镇街道,突出果蔬优势,樱桃采摘、草莓采摘、葡萄采摘、红杏采摘,品种丰富;在西部棘洪滩、上马街道,民超生态园、羊毛沟花海湿地等一批旅游项目相继建成,开启了旅游发展新篇章。节会拓展广泛。草莓采摘节、樱桃山会、少山红杏节、宫家葡萄节、河崖秋收节5大采摘节以及上马小海鲜美食节、城阳国际露营节、童玩节等旅游节会崭露头角,旅游节会已覆盖登山、采摘、美食、赏花、民俗文化等众多领域。增收成效明显。乡村旅游带动草莓、葡萄、红杏等农产品价格持续走高,不仅提高了当地农民的纯收入,而且减少了采摘、运输、批发等环节的成本,增收效果更加明显。

4.2.1 规划引导

一是编制"十三五"旅游规划。编制完成了《城阳区"十三五"旅游业发展规划》，按照"合理开发和有效利用自然环境，突出传统的乡村文化优势，充分体现人文风情"的原则，重点推动乡村旅游发展，通过农业和旅游相结合的方式打造休闲农业下的乡村旅游发展模式。

二是积极推进"千万平方米工程"旅游会展类项目建设。5年来，城阳区旅游局承担的"千万平方米"旅游休闲度假及会展设施类项目共15个，累计竣工面积114.9万平方米，占规划面积的345%，累计投入运营面积104.7万平方米，占竣工面积的91%。这些项目的投入使用将极大地丰富城阳旅游业态，推动城阳商业、休闲综合体和住宿酒店类设施水平更上新台阶。

三是加强旅游资源研究开发。认真落实区委区政府《关于进一步加快旅游产业科学发展的意见》，根据各街道旅游资源的特点，超前研究策划，通过招商引资等方式，把资源转化为旅游项目。2016年已完成锦绣田园农家乐、长水观光园、东旺疃驯虎山、棉花旅游区、上马南芦湾5个旅游项目策划，并通过全国、山东省专业旅游项目平台开展招商，有力推动了旅游产业升级。

四是研究新案例，提升规划理念。先后组织部分街道和社区赴博山区中郝峪、乐疃，沂南县竹泉村，浙江德清、桐庐等地考察学习发展乡村度假旅游的经验，研究城阳的实际和政策措施，找准突破口，探索在东部山区部分成熟的山村发展乡村度假旅游。

4.2.2　体验导向

一是"采摘体验"。以草莓园、樱桃园、红杏园、葡萄园等为主要载体，持续发展农产品采摘游，拉动餐饮、农产品销售，保持农民持续增收。2016年，草莓采摘从1月开始，比2015年提前了一个多月，到4月下旬结束，累计接待游客30万人次，门票收入1300多万元，同比分别增长5%和18%。2016年山色峪樱桃山会累计接待游客约49.8万人次，旅游收入约2790万元。

二是"美食体验"。以胶州湾海鲜美食港、南芦湾、民超乐园、花海湿地等为载体，整合小海鲜美食、采摘、游乐等资源，开启以"上马小海鲜"为主题的西部乡村旅游。2015年首次推出的"上马小海鲜草莓品鉴之旅"，将草莓采摘活动延伸到城阳西部。同时，成功举办了"上马小海鲜厨王争霸赛"，并录制了专题节目在城阳电视台分14期播出，"上马小海鲜"的品牌价值不断上升。

三是"登山体验"。毛公山常年免费登山，为广大市民无偿提供了登山健身和红色旅游基地。其自 2014 年推出以来，备受热捧，在新浪网推出的2300 多个旅游攻略中高居首位，成为城阳乡村旅游核心竞争力的重要支撑点。

4.2.3　立体营销

一是微博微信宣传。新媒体具有传播快、受众宽、精准度高、成本低的特点，2016 年，升级了旅游官方微博与微信，丰富了旅游信息与旅游服务功能，突出互动性、时效性和便捷性，通过微博发布 10 ～ 20 条 / 天，微信发布3 条 / 天以上旅游信息。其中《城阳：中国第一免费登山城》攻略被"青岛人""大城阳"等一批"草根"微信大号转载，累计阅读量一月内便超过 4 万次。2017 年推出的《城阳贺年新鲜旅》《城阳春季四大主题游线路》《草莓采摘指南》《一条微博教你高大上地吃遍城阳》等一批实用性强的博文，受到网友喜爱，一周阅读量突破万人次。

二是网络宣传推广。在青岛新闻网、半岛网等门户网站合作，制作了"城阳贺年新鲜旅""红杏采摘节""宫家村葡萄节"等旅游专题，进行专题推广，第一时间将活动信息、旅游线路、草莓园和农家宴联系方式公开发布，游客和商贩可以直接联系果品采摘、采购，成为果品销售最多的一年。利用"今日头条"对宫家村葡萄节三大片区、城阳贺年会旅游线路进行了手机客户端的推广，阅读及转发曝光量累计超过 100 万次。以"城阳旅游"为关键词搜索，网页搜索数量达到了 210 万。在百度、高德等网络地图上推广加载星级酒店、采摘园信息，为游客推荐不同特色的旅游线路，由游客根据自己的喜好选择最喜欢的线路，直接与采摘园和农户联系采摘旅游的事项，方便快捷。

三是组织旅游企业参加旅游博览会。积极组织旅游企业参与国家、山东省组织的旅游博览会，学习经验，开阔思路；探索旅游区域发展与合作的新思路、新做法，邀请旅行社到城阳采风踩线，吸引更多的旅游客源进入了城阳旅游市场。

4.2.4　加强管理

一是优化结构，提升档次。整合城阳旅游餐饮资源，按照"特色美食之旅"思路,对本地菜、农家乐、渔家乐、流亭猪蹄及韩式料理等进行了重点包装,策划设计精品旅游产品;做好星级酒店、精品文化主题酒店、乡村休闲度假酒店的业务指导,提升了行业管理水平;积极推进了旅游景点管理上水平、建设上档次、丰富景区点的旅游活动,增强了对游客的吸引力。

二是强化监管,确保有序。全面落实旅游安全生产责任制,强化旅游突发事件应急救援预案落实,举办旅游安全培训、旅游突发事件应急救援演练,加强旅游营运车辆管理,确保旅游安全;依法及时处置投诉事件,2016年共处理旅游投诉21起,处结率和满意度均达到了100%,维护良好的旅游秩序。

4.3 黄岛区

黄岛区依托良好的区位优势和丰富的乡村旅游资源条件,抢抓山东半岛蓝色经济区建设和青岛西海岸经济新区建设等重大历史机遇,以打造山海间最美乡村为目标,通过深化政府指导,加大市场运作,实施旅游大项目带动战略,逐渐走出了一条农业与旅游融合发展的路子,在促进农村产业升级和优化、拓展农民增收渠道、帮助农民脱贫致富、提高乡村生活环境等方面发挥了较好的作用,为解决"三农"问题开拓了新思路。

黄岛区乡村旅游资源多位于山海之间,资源禀赋较高。近年来,以打造山海间最美乡村为目标,加快旅游业与农、林、牧、渔等相关产业的融合发展,因地制宜地发展了观光度假、住宿餐饮、康体养生、休闲娱乐、科技展示、研学培训、滑雪垂钓、节庆等多种形式的乡村旅游业态。截至目前,已创建各级各类乡村旅游品牌共计121个,其中国家级乡村旅游品牌4个、省级乡村旅游品牌85个、市级乡村旅游品牌32个。组织全区乡村旅游从业者参加省、市、区各类旅游培训近500人次,对全区99家乡村旅游单位进行资金扶持633万元,乡村旅游已发展成为本区农业增效、农民增收、农村发展的重要渠道,成为乡村传统文化和现代文明的传承阵地,成为农村经济中颇具特色和发展活力的新兴经济增长点。虽然本区已培育出了一批特色各异的乡村旅游景区(点),但大多仍以自然观光、农产品采摘、农(渔)家乐体验为主,且产品同质化较为严重,品牌特色单一,配套设施薄弱,不能满足游客对乡村旅游产品的多样性、内容的丰富性和体验的差异性的要求,导致重游率不高,有待进一步规范和引导。

4.3.1 政府主导

近年来,黄岛区高度重视乡村旅游,把发展乡村旅游作为加快农村转变经济发展方式、推进经济转型升级的一项重要举措。在发展乡村旅游中始终遵循"政府主导、农民主体、社会参与、市场运作"的工作思路,构建乡村旅游与新农村建设的互动共建模式。一方面,充分发挥旅游产业的综合带动效应,使乡村旅游与所在农村形成利益共同体,通过乡村旅游资源的挖掘及利用,促进新农村建设的全面展开,达到"以旅促农,以旅游促进乡村建设"的目的。另一方面,在新农村建设过程中,充分考虑其旅游功能,完善乡村公共基础服务设施,满足游客吃、住、行、游、购、娱等方面需求,为乡村旅游的顺利开展提供了硬件设施和软件服务,最终实现美丽乡村与乡村旅游共赢。

黄岛区在发展乡村旅游过程中注重发展规划的引导和统筹,以《黄岛区旅游业发展总体规划》为总领,以资源为依托,以项目为支撑,按照全域统筹的思路,实现全区乡村旅游规划共绘、资源共享,产品共推,品牌共打,以规划引领全区乡村旅游的科学发展。按照"资源整合、优势互补、龙头带动、整体推进"的原则,遵循"一镇一业、一村一品"的发展格局,对全区乡村旅游资源进行科学分类,建设各具特色、功能互动的乡村旅游功能区,构建起重点突出、主次分明、全域统筹的乡村旅游大格局。

4.3.2 政策扶持

出台扶持政策,助推乡村旅游升级。黄岛区将乡村旅游作为民生工程进行扶持。2013 年,本区在青岛各区(市)中率先出台了《关于扶持旅游业率先科学发展的意见》,设立 2000 万元的旅游发展专项资金,重点鼓励旅游景区(点)开发、旅游基础设施建设、品牌打造、旅游商品开发等。2015 年,本区又在各区(市)中率先出台了《关于支持住宿餐饮业发展的意见》,重点鼓励特色业态旅游产品开发,如社会资源产品化,康体养生旅游、海洋旅游等,鼓励举办节庆会展活动,支持旅行社做大做强,支持住宿餐饮企业"上台阶"。2016 年,在落实《关于支持住宿餐饮业发展的意见》基础上,经过反复调研论证出台了《关于加快旅游业创新发展的意见》及《关于加快旅游业创新发展的意见的实施细则》。上述政策扶持进一步加大了对发展乡村旅游的引导力度，为促进全区乡村旅游的持续健康发展创造了良好的条件。

加大财政投入，完善旅游配套设施。近年来，针对全区乡村旅游接待设施规模小、档次低、服务水平不高等问题，采取了多种措施，促进接待设施改造提升。一是完善旅游道路的建设，由财政投资约10亿元先后完成灵山岛环岛路、开城路等乡村旅游聚集区的旅游道路建设，增强到达主要乡村旅游景区（点）的可进入性。二是完善旅游导向系统，区财政投资近300万元，进一步完善滨海大道、开城路、204国道、329省道等旅游主干道的旅游导向系统，加强对各乡村旅游景区（点）导向。三是完善游客咨询服务中心建设，通过财政投资建设或者社会投资建设＋财政补贴的方式建成并投入运营游客咨询服务中心6处，大大方便了游客的咨询服务。四是完善旅游停车场建设，通过争取上级旅游专项资金＋地方配套资金建设的方式或者由区财政投资建设的方式或者社会资金投资建设的方式先后完成大型生态停车场建设5处，有效缓解停车难的问题。

4.3.3 宣传营销

按照打造独具特色的海滨乡村休闲目的地的要求，强化宣传推介，创新营销方式，开拓旅游市场，不断提升区域的知名度、美誉度和吸引力。凭借特色乡村旅游资源，遵循"企业主导、政府服务、产业互动、社会参与、突出特色"的办节理念，体现资源特色、文化特色、创意特色，变静态展示为互动体验，精心策划举办好大珠山杜鹃花会、草莓采摘节、采茶节、樱桃采摘节、蓝莓采摘节、大枣采摘节、板栗采摘节等乡村旅游节会，放大节会品牌效应。依托各级旅游政务网，建立"乡村旅游"网络营销平台。同时，借助博客、微博、微信、手机报等新媒体开展乡村旅游营销，在较高层面上引爆乡村旅游市场，提高乡村旅游的知名度和美誉度。

4.3.4 公共服务

扎实开展从业人员培训工作。以贯彻落实十八届三中全会精神为契机，加大乡村旅游培训力度，促进乡村旅游标准化、规范化发展。一是积极组织辖区内乡村旅游从业者参加省旅游局的免费培训，2013年本区新创建的农业旅游示范点、精品采摘园等乡村旅游品牌单位,全部参加了山东省 2014 年度乡村旅游骨干培训班的学习。二是积极组织区内各旅游强乡镇、旅游特色村、农家乐从业人员参加区内旅游、食品安全、消防安全等系列培训班,系统学习乡村旅游经营管理和安全生产有关知识。三是举办乡村旅游"知识送下乡"活动,将省局组织专家编写的山东省乡村旅游培训教材免费发放到了乡村旅游从业者手中,这对本区乡村旅游从业者来说,送的不仅仅是一套普通的乡村旅游普及读本,更是一套实实在在的"致富经"。

稳步推进改厨改厕工程。一是对本区的农家乐经营情况进行了前期摸底调查,并向经营业户发放《山东省乡村旅游经营业户"改厕改厨"标准》,指导农家乐经营业户如实填写《山东省乡村旅游经营业户"双改"奖励申报表》。二是积极向农家乐经营户宣传改厨改厕知识,引导和帮助农户转变传统观念,建立洁净、卫生、规范的经营环境。三是针对灵山岛农家乐比较集中但经营手续不全的问题,积极与乡镇沟通,协调区直有关部门为岛上 70 多户农家乐集中办理经营手续,做好改厨改厕前期准备工作。

4.4 即墨区

即墨区坚持立足区情特点,打好旅游品牌、做好乡村文章,坚持政府引导、市场主导,推动城镇发展一体化,扎实推进旅游扶贫,统筹布局,多元投入,坚持创新驱动、项目带动,培育新产品新业态,打造精品示范点,深入实施富民工程,着力激发乡村旅游发展新活力,打造乡村旅游发展新动能。目前,即墨区共有省级旅游强镇 4 个、省级旅游特色村 5 个、国家和省级农业旅游示范点 24 处、省级精品采摘园 8 个。即墨区先后荣获了"最佳生态旅游市(县)""大众休闲、健康养生旅游胜地""文化魅力、特色魅力旅游胜地""中国最美特色旅游小城"等桂冠,中国海洋温泉小镇(温泉街道)荣获全国百家生态文明城市与景区推选活动"最美休闲胜地"称号。

4.4.1 突出特色

即墨区旅游资源丰富,"山海泉岛文城商河"各具魅力,特色产业多元,"农林工商文体医养"业态集聚,加之优越的区位环境和便利的交通条件,使得即墨具有发展乡村旅游的先天优势。旅游需求本质是产异化,乡村发展旅游的优势在于风貌不同、亲切生动的独特体验感,抓住优势、彰显特色是乡村旅游开发的关键,即墨区把乡村旅游培育与美丽乡村建设、旅游乡村扶贫和特色小镇培育打造等重点工作紧密联系起来,依托海洋温泉、光伏产业、休闲农业、会议会展等特色产业和优势资源,结合商贸小镇、温泉小镇、航空小镇、太阳能小镇、玫瑰小镇、老酒小镇等特色小镇建设,加快旅游特色村庄培育和乡村旅游产品开发。把发展乡村旅游与“美丽乡村”建设结合起来,挖掘农村田园景观、青山绿水、人文传统,整体规划,科学布局,积极培育农(渔)家风情、山林景观、滨河生态、温泉养生、田园农耕、历史民俗等多元化乡村旅游产品体系,依托主要景区,因地制宜规划打造特色景观林带,建设一批集休闲观光、民俗文化、农事体验于一体的民宿集聚区,把美丽乡村建设点打造成市民回归自然的田园驿站和旅游景点。

大力推进乡村旅游扶贫。加大对具备乡村旅游开发基础条件的重点扶贫村的规划指导、专业培训、宣传推广力度,通过送政策、送规划、送策划、送项目等,实施整村扶持、精准扶贫。加强政府引导支持,鼓励乡村贫困户创业就业,通过多元化推动、特色化建设、产业化发展、规范化管理,着力打造升级版农家乐等乡村旅游提质增效项目。温泉街道依托国内仅有、世界罕见的海洋温泉和江北最大会展中心,对接会展旅游,积极培育“温泉人家”家庭旅馆,家庭温泉也随之兴起。灵山镇充分发挥经济种植优势,利用玫瑰制品、牡丹中药材、树莓保健品、葡萄采摘等特色,致力于打造灵山风景区、牡丹园、中医药基地和玫瑰小镇四位一体的高端精品旅游格局。总投资 2.3 亿元的玫瑰小镇已成为以玫瑰花为主题的生态休闲旅游产业新亮点,占地千亩的牡丹园与占地 7 平方千米的国家中医药健康旅游示范基地也正在顺利建设中。玫瑰小镇所在的西姜戈庄村被评为中国最美休闲乡村、山东省级旅游特色村、青岛十大旅游休闲魅力村镇等,成为乡村旅游特色开发的典范。

4.4.2 政策推动

一是实施政策撬动。充分发挥《关于支持旅游业发展若干政策措施的意见》及实施细则的引导作用,加大重点镇村扶持和关键环节投入,撬动社会资本参与乡村旅游开发,先后多次召开乡村旅游专题座谈会,促进温泉街道、灵山镇、移风店镇、度假区等旅游镇(街)从编制旅游规划、完善交通导引等入手优化整体旅游环境,推动乡村旅游示范点等进行设施改造和产品创新,加快转型升级。

二是坚持规划先行。启动《即墨市旅游产业发展总体规划暨五年行动计划》编制工作。完成《即墨市大沽河流域生态旅游规划》初稿,依托自然风光、光伏农业、玫瑰小镇等乡村旅游资源,挖掘农村特色产业、田园景观和乡村文化,规划建设一批集自然风貌、生态旅游、农业体验等功能于一体的乡野公园,打造滨河旅游目的地。引导镇(街)编制镇域旅游规划,移风店镇已完成规划编制,灵山镇和度假区正在编制。温泉街道结合"中国海洋温泉小镇"建设,聘请国际顶尖团队完成整体规划和策划。

三是加强旅游基础服务配套。围绕重要旅游节点进行公交线路站点统筹布局和合理设置,实现主要功能区开通旅游直通车,重点镇域形成旅游公交环行,重点景区解决"最后一公里"问题,乡村旅游点增强可进入性。在城区、环鳌山湾、环丁字湾、大沽河等重点区域规划建设旅游集散体系。加快完善旅游道路交通标识系统,提升镇域旅游交通指示牌、公共厕所、候车厅等旅游基础设施系统化、精品化、特色化水平,鼓励扶持企业投资建设旅游信息咨询中心和重要节点旅游厕所等服务设施,完善汽车站、火车站等游客集散区域旅游公共信息服务功能和交通导引系统。提升各景点连接沿线的景观绿化和环卫管理水平。2017年完成全市52处旅游厕所新建改建。完成汽车总站、马山地质公园两处旅游信息咨询中心建设。更新设置8处旅游交通地图牌。鼓励镇(街)开展镇域旅游标识系统建设,移风店镇已全部完成建设工作,灵山镇完成部分设置,田横及田横岛旅游度假区完成方案设计。

四是开展智慧旅游示范建设。指导玫瑰小镇提升完善了景区全景图、导览图、道路交通图、门禁系统、电子语音导游、企业二维码、网络营销等智慧旅游项目。

五是推进旅游特色商品开发。即墨老酒、玫瑰小镇创建山东省旅游商品研发基地通过省初步验收。汽车总站旅游商品专营店和鹤山等4处旅游商品直营店11月底全部营业。组织"玫瑰小镇"系列产品、即墨老酒参加省旅游商品创新设计大赛,中国国际旅游商品博览会,"到山东最想买的100种特色旅游商品"巡展,青岛市旅游文化商品创新设计大赛等展销评比活动并荣获多个奖项。

4.4.3　营销创新

一是加大乡村旅游宣传促销。组织参加海峡旅博会、北京国际旅博会等大型展会5次,邀请接待青岛市旅行商和新闻媒体采风团以及韩国新媒体采访团等大型旅游采风活动5次200余人次。"爱上即墨旅游"获评年度"即墨最具影响力"官方微信。旅游微电影《93℃爱情》网络试播获得好评。

二是举办系列旅游节会活动。围绕中国海洋温泉小镇等乡村旅游核心,借助承办"即墨古城"青岛好导游大赛、青岛市旅游惠民月、"青岛经典"旅游品牌评选等青岛市级活动,加大品牌推广力度。2016年9月份,由世温联指导、中温协主办的"首届中国青岛(即墨)海洋温泉节"正式开幕,围绕"中国海洋温泉小镇"品牌塑造,陆续推出2016中国青岛海洋温泉国际论坛、阳光骑行比赛、温泉太极养生、民谣节、全民运动会、半程马拉松、海洋温泉国际体验、摄影微电影大赛等"1+7"活动板块。论坛期间,各方签署了《世界海洋温泉即墨共识》,联合发布了《即墨市海洋温泉健康养生医疗报告》,即墨与世温联签署了合作备忘录,将联合建立世温联海洋疗法(中国)研究中心和应用中心,策划举办亚洲温泉健康展会,共同培育海洋温泉科技人才,启动了"世界温泉健康名镇"和"中国温泉旅游名镇"创建工作,其间还举办了温泉小镇联盟共建、青岛国际温泉小镇发展大会、古城温泉文化沙龙、特色健康产品展等活动。共有百余家专业媒体参与活动全程报道,累计报道1200余篇,浏览量突破1500万次。此外,部门扶持引导的以企业为主体的年货大集、玫瑰节、草地音乐节、露营节、温泉泼水节、蓝莓采摘节、葡萄采摘节、柿子节等旅游系列主题活动有声有色。

三是实施旅游地接奖励扶持。为加大乡村旅游市场培育,增强乡村旅游人气,即墨专门制定了针对旅游地接的奖励政策,包括对"一日游""过夜游""电子票"和"大型会议团队"等旅游活动引进给予丰厚奖励,港中旅等重点酒店接待人次比2015年同期平均增长20％左右,大型会议团队明显增多。

4.5　胶州市

胶州市围绕打造"空港新城、尚德胶州"国际旅游目的地的目标,坚持高举全域化旅游的旗帜,树立大旅游、大发展理念,以提质增效为主题,以 4F 级胶东国际机场的加速建设和大沽河省级生态旅游度假区建设为抓手,加快转型升级,优化市场环境,提升发展质量,旅游业发展迈上新台阶。

4.5.1　政策推动

抓激励政策落实,推进产业转型升级。全面落实青岛市委、市政府《关于加快旅游业率先科学发展若干政策的意见》,结合本市实际,出台了《关于提升旅游业综合竞争力加快建设旅游强市的意见》(胶政发〔2016〕2 号),确定市财政每年拿出 1000 万元扶持旅游业发展,明确本市旅游业发展政策及资金扶持意见,支持旅游企业多样化融资,推动旅游企业做大做强,增强产业核心竞争力和可持续发展能力,做大总量、做强产业。

抓规划引领,构筑全域旅游新格局。立足打造区域性重要旅游目的地、国际性特色旅游城市目标,初步形成"以大沽河省级生态旅游度假区为龙头,大沽河沿岸多样旅游业态为载体,南片洋河乡村旅游集群、北片胶北都市旅游集群南北呼应"的全域旅游总体空间架构,实现以点串线、以线带面、联动发展。进一步梳理、整合大沽河沿岸旅游资源,编制《胶州市大沽河流域旅游发展专项规划》,构建"161"旅游产业发展空间格局,沽河沿岸旅游景观呈现"多点驱动"的蓬勃局面。高昂大沽河生态旅游度假区龙头,做强核心优势,深入推进"旅游+文化"发展,截至目前,已落地的文化旅游业项目 22个,总投资达 70 亿元。抓好"块"上发展研究,重点培育了两个特色鲜明的旅游板块:一方面是以大沽河流域、洋河镇和里岔镇为重点的乡村旅游板块,重点打造具有胶东地域特色和文化特色的农家乐体系;另一方面是以临空经济区和周边镇办为重点的商务旅游板块,重点发展总部经济、会议会展、高端酒店、教育培训、低空旅游等为主要特色的航空旅游。

4.5.2　全民参与

通过引导建设者、管理者和广大游客、全体市民共同参与,共享旅游发展成果,着力打造主客共享、宜游宜居的幸福环境。

一是推动旅游配套全民共建。规划完善涵盖旅游各要素的综合服务体系,重点解决好旅游基础设施互联互通等问题。特别是强化乡村旅游道路基础设施建设,引导旅游从业个体从停车场建设、厕所改造、购物点、餐饮配套等多方面入手。截至目前,本市已完成厕所新建改建149座,完成计划的116%,累计总投资500余万元;设立旅游道路标示牌82块,累计投资100万元;新建改建停车场20余个,对旅游项目环境进行整体提升。

二是推动旅游环境全民共创。借助举行第四届中国秧歌节、胶州市首届市民节、2016青岛大沽河旅游节等重大节庆活动,激发全体市民的主人翁意识,牢固树立"人人都是旅游形象、处处都是旅游环境"理念,全民动员,全员推广,精心策划、包装、宣传辖区内的旅游景点、旅游产品、旅游线路。

三是推动旅游成果全民共享。旅游是典型的富民产业,旅游业是带动贫困人口脱贫致富的重要途径。胶州市通过实施乡村旅游富民工程,抓好美丽乡村建设,支持广大人民群众特别是贫困地区群众全面参与旅游开发,特别是洋河镇、胶莱镇、李哥庄镇等依托本地优势资源发展养生休闲山庄、乡村度假客栈、农家乐等差异化旅游产品,乐游小镇、艾山慢城、快乐采摘成为辐射周边、富民强村的有效载体,推动旅游成果共建共享。

4.5.3 特色创建

一是整合资源,挖掘节会品质效益。先后举办了青岛洋河慢生活体验节、青岛大沽河旅游节、胶北桃花节等节庆活动项目,推出了"山水洋河、四季有约""沽河味道""胶北都市农业——桃源仙境"等胶州特色品牌,丰富了周边市民的业余休闲生活,大大带动了当地农村经济,帮助了农民增收,开创了本市乡村旅游的新思路。

二是理清全域旅游思路,明确工作重点。九龙街道、胶东街道、李哥庄镇、胶莱镇突出发展机场旅游经济、滨河休闲、商务会展、生态健身、观光农业特色,胶北街道突出发展都市终端农业、田园采摘特色,洋河镇突出发展登山运动、沟谷山林、精致休闲农业特色,里岔镇突出发展山水生态、渔家风情、田园农耕特色,胶西镇突出发展山林度假、历史民俗特色,铺集镇突出发展滨湖休闲、乡野风情特色。

三是全面推进大沽河流域河道主景观带建设,打造胶州旅游黄金轴带。大沽河两岸各镇办旅游景点沿河分布,与度假区旅游"龙头"一水相连,形若"躯干",通过持之以恒抓发展,沽河沿岸各镇办的旅游业态取得了阶段性成果。李哥庄镇立足实际，相继打造"荷塘月色"荷花池、"浪漫水岸"玫瑰园、沽河绿苑采摘园等特色乡村旅游示范点。同时，引入青岛城投公司，依托"民宿＋民俗"的发展模式，以纪家庄村为建设试点，打造"水云阁"农家乐旅游四合院，初步建成农家宴与民宿相结合的特色休闲旅游景点。胶莱镇在构建完成王疃现代农业园区、小高三河水生态园、青岛农大现代农业高科技示范园三大农业园区基础上，以南王疃村为载体，重点推进青岛大沽河农游嘉年华项目建设，计划打造一座融合旅游、创意、会展、博览、文化、商贸、休闲等产业模式为一体的农业主题活动中心。胶东街道办事处沿河布局大店生态民俗特色村、佳华园艺生态农业观光园、鑫源生态园、远东马术场等旅游项目，形成了一道旅游观光滨河风景线。目前，沿河流域共打造玫瑰园、果林、生态景观林近 4 万亩。

4.5.4　产业融合

一是促进"旅游＋农业"互融发展。依托胶州农业品牌优势，拓展农业的生产、生活、生态等综合功能，发展乡村旅游、休闲农业、采摘农业等现代农业新形态，打造一批民俗风情型、产业发展型、旅游休闲型等各具特色的美丽乡村，进一步延长现代农业的产业链、价值链和品牌链。里岔镇郁香国泰高端都市农业生态园，利用自然丘陵地势，将生态循环农业与休闲旅游自然结合起来，集有机果蔬规模种植、畜禽养殖、初级农产品精深加工、休闲观光农业、家庭农场于一体。

二是促进"旅游＋新型工业"互动发展。胶州工业基础雄厚，工业门类齐全，实施"旅游＋新型工业"，既符合政策方向和供给侧改革需要，也体现了"两型"要求和产品配套，有利于发挥旅游产业的纽带作用和乘数效应，提高了工业企业的附加值，打造了全域旅游新业态。目前，本市省级工业旅游示范点有新希望琴牌乳业、诚信工艺品有限公司、好兄弟制帽，创意性地把工业生产与旅游结合起来，实现"参观、生产、销售"一体化的工业旅游模式，从而营造了全新的情景体验，进一步打造了胶州富有创意并具有地域特色的工业旅游项目。下一步，依托特色食品、传统手工业、战略性新兴等产业推动工业和旅游深度融合，加快三绣纺织、华谊木业、灯塔酱油等特色工业企业创建工业旅游点工作。

三是促进"旅游＋文化"互赢发展。文化是旅游的灵魂。推进"旅游＋文化"发展，深入挖掘三里河文化、红色文化、庙宇文化、农耕文化及民间秧歌、剪纸、八角鼓等民俗文化，充分发挥"秧歌之乡""剪纸之乡"两大文化品牌优势，整合各类文化资源和文化项目，打造民间、民俗文化旅游品牌。胶北玉皇庙村，打造"红色教育基地""乔老县长故居"、尼山书院、王母井、民俗博物馆、传统手工艺体验馆等一系列旅游景观，使美丽乡村成为重要旅游目的地。

4.6 李沧区

李沧区作为青岛市内三区之一，区位优势明显，资源禀赋突出，产品特色鲜明，具备发展乡村旅游的良好条件。2014 年青岛世园会的成功举办，强有力地推动了李沧东部的发展，并给这片区域打上了生态、旅游的"标签"。目前，东部各社区的安置房改造已基本完成，居民的生活富裕了，但出现了产业发展的瓶颈，选择哪种产业，实现可持续发展已成为当前的主题。乡村旅游具有生态性、可持续、劳动密集型等特点，恰恰符合本区当前的发展需求，乡村旅游业必将成为李沧未来发展主导产业之一。李沧区在充分认识到发展乡村旅游工作的重要性后，提出以东部世博园景区周边为龙头，西部大枣园、十梅庵为助推，最终实现全区共同发展的乡村旅游发展思路，开展了一系列卓有成效的工作，实现了乡村旅游景区跨越式发展。

一是积极开展乡村旅游发展调研，对北京、杭州等成功的乡村旅游发展案例进行深入的剖析和对比，形成调研报告，并对区内百果山森林公园、竹子庵公园、长涧社区等正在改造和即将改造的乡村旅游景区进行专业化指导。

二是积极做好乡村旅游培训工作，通过与区内青岛酒店管理学院密切合作，为区内各社区提供乡村旅游方面的专业培训，有效提升了本区乡村旅游从业人员的综合素质，增加了乡村旅游的人才储备。

三是积极协调相关部门和单位，争取各种荣誉称号，提升本区乡村旅游的知名度和美誉度。青岛世博园景区被评为国家生态旅游示范区，毕家上流社区获得中国乡村旅游模范村、中国最美村镇贡献奖、山东省好客人家农家乐、乡村旅游致富带头人、青岛市乡村旅游特色村等荣誉称号。

四是加大投资力度,提升景区品质和配套设施水平。目前,本区百果山森林公园已建成书法写生基地、上流小院餐饮住宿配套设施、寺庙、停车场、硬化环山道路,已累计投入资金约 15000 万元。

此外,乡村旅游业对周边基础设施建设,居民的就业、收入水平的提升,还有极大的推动作用。可以说,发展乡村旅游能够实现经济效益、社会效益和生态效益相统一,发展乡村旅游功在当代,利在千秋。

4.7 平度市

平度市借力旅游突破发展契机,持续推进基础设施建设,开展景区及旅游项目规划,扩大招商引资规模,大项目相继在本市各乡镇落地,创建并打造"食在平度"旅游品牌,实施"1＋4＋8"工程,全力刺激乡村旅游发展,全市旅游业实现了突破性发展。

4.7.1 政府引导

乡村旅游发展的核心为景区建设,2016 年以来本市聘请国内知名旅游规划团队编制了全域旅游规划及各镇(街道、开发区)旅游专项规划,在规划引领下运用"PPP"模式广泛开展招商,成果显著,目前本市在建旅游项目 15 个,合计投资金额 188.9 亿元。其中,5 亿元以上的景区、景点建设项目 8 个:① 店子镇国家农业公园,占地 30 平方千米,总投资 50 亿元,目前准备进行配套建设;② 茶山全国五星级休闲农业示范园,总投资 5 亿元,目前正准备进行配套建设;③ 蓝树谷•全国青少年社会职业体验中心,总投资 80 亿元,2012 年 11 月开工建设,目前装修配套场馆完成 26 个,新建 20 个场馆主体工程完成,共计 56 个场馆主体工程竣工;④ 旧店航空小镇项目,总投资 26 亿元,目前,该项目规划涉及的空域论证已获北海舰队航空兵司令部通过,土地流转工作已基本完成,2016 年 1 月份新引进三台模拟飞行训练机;⑤ 两髻山旅游综合开发,总投资 20 亿元,目前已完成场地平整、区内绿化工程,开始建设大门、啤酒大棚等;⑥ 七色山温泉花园小镇,总投资 30 亿元,目前正在进行一期工程地形地貌整治;⑦ 三合山旅游综合开发,总投资 10 亿元,主体建设完成,开始路面硬化及配套建设;⑧ 秦皇河湿地公园,总投资 10 亿元,现已完成倒地清表工作,正在进行河道清淤。

加快推进"一环、三纵、五横"旅游大环路的建设,实现景区—乡村—城镇一站直达、一路畅通,让游客进得来出得去,抓紧时间研究招投标、定点、放线、征地拆迁等各项工作,力争尽快开工建设。在推进旅游交通建设的同时,将旅游交通标示牌、路侧绿化、美化以及骑行道等一并考虑,同步推进。此外青平城际、潍莱高铁也计划于2019年贯通,届时省内游客赴平度体验乡村度假游将成为一种趋势。

加大对上争取力度,工作进展成果显著。重新启动云山乡村省级旅游度假区申报工作,规划局、国土局已向青岛市业务部门提报了审核材料,并与省级业务部门进行了对接,环评报告已完成评审。同时在旅游重点镇、示范村、厕所改造等各方面都争取到政策向本市明显倾斜,省、市两级领导和处室都对平度给予了高度关注和支持。积极协调发改部门,为蓝树谷申报国家旅游集聚区服务平台项目,为三合山旅游综合开发争取扶持资金400万元。

借力旅游改革契机,旅游体制不断完善。一是胜利召开了平度市加快旅游业突破发展大会,市委、市政府印发了《关于推进旅游突破发展的意见》等一系列文件,成立了以市委和市政府主要领导为组长的平度市旅游产业发展领导小组,搭建起本市促进旅游业发展的组织领导体系、政策支撑体系和工作推进体系;二是旅游产业发展工作领导小组成立后,相继成立了特色小镇工作领导小组及办公室,旅游重点镇(街道)设置了专门的旅游工作机构,挂"旅游发展管理办公室"或"特色风情小镇创建办公室"牌子,市、镇两级旅游联动规模发展的体制机制初步形成;三是成立了"食在平度"工作领导小组及办公室,加快推进"食在平度"品牌落地;四是明确了节庆会展工作机构,提升了大泽山葡萄节、啤酒节举办水平;五是争取市编办支持,为旅游局批设下属事业单位"旅游产业促进中心",增设编制5人。此外2016年新考录旅游相关专业参公人员3人,专业人才队伍建设不断壮大。

4.7.2 营销创新

推进旅游宣传营销,旅游人气逐步聚集。确立"山水大泽,平度原乡"旅游品牌,在青岛奥帆中心举办了"平度旅游产品"推介会,开通了青岛至平度旅游直通车,预计年可为平度发送游客20万人次。明确并实施"1＋4＋

8"工程,成功举办"春之韵"大泽山暨茶山登山节、云山樱桃节,"夏之欢"青岛啤酒嘉年华、明村西瓜节,"秋之实"大泽山葡萄节、旧店苹果节、店子秋桃节、"冬之训"蓝树谷青少年训练营节庆活动,有效带动起乡村旅游的热潮。初步统计,1～10月份全市接待游客近400万人次,增长38%,旅游总收入超过12亿元,增长36%。

打造"食在平度"品牌,开启全域旅游模式。"食在平度"作为"山水大泽,平度原乡"全局旅游背景下的子品牌一经提出便成功引爆了本市全域旅游。举办"食在平度"为主题的科学发展大讲堂以来,先后印发了《关于推进"食在平度"工作的实施方案》《关于加快打造美食部落的实施办法》《关于"食在平度"人才培训工作的实施办法》,完成了镇、市级美食大赛,评选出了平度"十大名吃""十大名菜""十大名厨",完成了品牌注册、logo 设计等工作,产业规划、网站建设、美食部落等工作加快推进。"食在平度"网站、logo 在北京举办的"山水大泽 平度原乡"中国青岛平度旅游特色小镇推介会上正式发布,引起了社会各界强烈反响。"食在平度"各项工作推进为全市旅游进一步营造起了氛围,聚集起了人气。

4.8 莱西市

莱西市立足全市丰富的乡村旅游资源,以 2015 年世界休闲体育大会、大沽河治理工程为契机,多措并举,乡村旅游取得了前所未有的发展。

4.8.1 政府引导

强化组织,配套相对完善。一是强化组织领导。成立了由市长任组长、分管副市长任副组长的莱西市旅游产业发展工作领导小组,定期调度推进旅游工作;成立莱西市旅游信息中心,全力推动旅游宣传和网络信息化工作;指导镇办成立旅游办公室,重点夯实镇村两级旅游工作组织基础。二是完善配套政策。先后出台《关于开展"休闲田园游"示范点创建活动的实施意见》《关于加快旅游业发展的若干意见》和《关于推进旅游综合改革试点工作的实施方案》,重点加强对规划编制、项目建设、产业配套、对外合作、人才培养等的政策支持。三是加大资金扶持。安排年度旅游发展资金,专项鼓励和扶持乡村旅游发展。四是完善考核机制。2013 年以来,将乡村旅游业发展列入对镇（街道）、经济开发区年度目标绩效考核范畴，并设立"休闲旅游贡献奖"奖项。

规划引领，业态较为丰富。一是编制旅游发展规划。2014年聘请旅游规划设计院高标准、高起点编制了《莱西市大沽河旅游规划（2014—2025）》，充分挖掘"一城（城区核心旅游区）、一带（大沽河生态旅游带）、四区（莱西湖、江山湖、龙泉湖、青山湖4个配套联动区）"资源潜能，构建河、湖、山、水一体的大旅游格局，建设全域化旅游城市；指导沽河办、南墅镇、大青山、仙足山、产芝村等景区完成了旅游规划。二是提升景区品质。依托农业和农村民俗文化资源，发挥农业"接二连三"功能，培育乡村旅游新业态，推进乡村休闲旅游发展，培育"休闲田园游"示范点40个，获得青岛市级以上称号101个，发展A级以上旅游景区13个，成立莱西旅游电商服务中心，为青岛旅游商品淘宝旗舰店推荐旅游商品。在全国休闲标准化评选活动中，鲜多多农场、东鲁农业公园、沁楠香休闲岛、山后韭菜生态休闲农业园4家景区被授予国家级"休闲农庄"称号。为此，本市先后获评"亚洲金旅奖·十大休闲（度假）旅游目的地""国家休闲城市综合标准化试点城市""山东省休闲农业和乡村旅游示范县"称号。三是丰富旅游业态。在田园采摘、温泉养生、乡村饭庄等八大业态基础上，不断探索开展红色旅游、低空飞行、房车露营等，成立了中国汽车房车露营联盟山东莱西分会，成功举办中国首届儿童露营大会及热气球、飞艇及动力伞等表演活动，拓宽了旅游产业外延。

不断探索，创新管理机制。一是提高行业管理素质。成立市旅游协会，本着为行业服务、为会员服务的发展理念，吸纳旅游协会会员单位80余家；发展省级乡村旅游培训基地2处；每年组织全市乡村旅游发展带头人、乡村旅游管理及从业人员开展专题培训、考察学习5～8次；组织发展较好、发展潜力大的乡村旅游带头人参加境外学习精准交流活动；组建高素质旅游应急服务队伍，主要从事文明旅游、游客接待、节庆服务等工作。二是完善旅游基础设施。建设运营旅游信息咨询中心3处，新建改建旅游厕所30余座，安装使用信息查询一体机16台、宣传品展示架10个，改建旅游标识牌22处。三是加强旅游市场监管。建立健全旅游市场联合执法监管机制，落实属地管理和行业监管责任，推进旅游市场网格化管理。建立健全旅游应急安全机制，完善旅游投诉及舆情应急处置程序。

4.8.2 营销创新

一是节庆拉动。2013年以来,市旅游局先后成功牵头组织、指导了包括2015年世界休闲体育大会之世界休闲高峰论坛、2015年中国旅游日山东主会场活动、大青山槐花节、旅游摄影大赛等在内的特色节庆活动100余次;成功组织城乡互动游、旅游爱心巴士等惠民活动50余次,惠民旅游累计8000多人次,以节庆活动拉动了人气。

二是捆绑营销。依托莱西市旅游协会探索捆绑营销、组团发展路径,成立了包含鲜多多农场、沁楠香休闲岛等在内的10家品牌景区营销联盟,通过宣传折页、宣传海报、青岛地铁围挡广告集中宣传。

三是媒体营销。出版发行《最休闲 莱西游》(光明日报出版社出版)2万册,组织拍摄《美丽乡村齐鲁行——家在莱西》,成熟运营官方微信、微博,与山东广播体育频道、QTV-4《开心旅游》《青岛日报》《青岛画报》《莱西市情》密切合作,专题、专版、专刊宣传莱西旅游发展。

四是联合营销。2016年8月份组织举办了山东半岛城市旅游区域合作联盟休闲旅游论坛活动,牵头成立了包含莱西、即墨、胶州、平度、牟平、招远、莱阳、昌邑等八县市在内的"山东半岛县域旅游合作联盟",依托这一联盟,积极推进资源共享、客源互送、信息公用、执法联动、合作共赢,实现县域休闲旅游从单打独斗转向区域合作模式,以将莱西旅游尽快融入半岛旅游圈。同时,本市又先后与青岛市南区、烟台莱阳市、烟台牟平区旅游局建立友好战略合作伙伴关系,开展旅游产品联促、客源组织联动活动。

5

青岛市旅游产业发展的理论再思考

5.1 旅游产业集群与创新

5.1.1 旅游产业集群

（1）基本特征。

旅游产业集群是围绕特定区域旅游资源，以持续竞争优势为目标，旅游企业等相关组织形成的网络，其特征表现为经济性、社会性和网络性（姚云浩，2016）。首先，集群中的各个利益主体为实现自身经济利益而集聚，集群的形成是经济行为。其次，集群中的各个利益主体不仅存在竞争、合作等经济关系，还存在地缘和人缘等社会关联。再者，集群中的各个利益主体不是一维单向关系，而是多维交互关系。

旅游产业集群与周围环境互动演化，也要经历从诞生到死亡的全过程。第一阶段，形成。旅游景区围绕特定区域旅游资源初步形成，供给主体主要是农户、家庭企业等简单形式，供给内容主要是自然资源的直接利用，需求受乡村地理位置、接待能力等硬件设施限制。在旅游产业集群的形成阶段，景区内的旅游资源处于自然状态，无论企业还是政府都没有进行统一科学地规划和布局。景区内的竞争也处于市场自发状态，价格战是主要手段，农户和家庭企业各自为政，尚未形成完整的旅游产业链条。合作、分工等行为并不由市场决定，而是依靠村民之间的社会关系而形成，集群内部行为主要由社会规范而非市场规律约束。第二阶段，发展。旅游市场不断成长，游客数量增加，游客需求也呈现多元化态势，村民参与积极性提高，旅游服务供给数量增加,供给结构也发生变化,从单一产品向多元化产品演化。由此带动相关硬件、软件数量和质量提升,农户、企业、游客之间的关系日趋稳定,产业集群初步形成。第三阶段,成熟。市场主体的数量和质量达到一定水平时,旅游产业集群正式形成,表现为内部创新能力提升、对外的吸引力和辐射力增强。集群内部的竞争压力转化为创新动力,知识共享、集体学习提高了创新能力,专业院校科研机构的进入增加了创新可能性。对外则吸引了越来越多的生产商、中间商和消费者进入,同时,集群的非核心业务逐步向集群边缘配置,集群外部的村民也受惠于集群的发展。第四阶段,死亡或重生。如果集群不能适应环境,则不可避免地走向衰退。有的地区旅游资源开发不当,自然环境遭到破坏,人文资源无法传承,乡村失去了吸引力,集群就此消亡。还有的地区旅游资源开发不足,供应商的旅游产品无法匹配游客的需求升级,游客感觉重复和单调,集群也会慢慢消亡。如果集群能够适应环境变化,则集群将重生。有的地区不断创新,充分整合旅游资源,开发新产品、提供新服务、利用新渠道,不仅能够满足游客的需求,甚至可以引领市场潮流,则集群破茧重生进入更高层次。

旅游产业集群是介于科层和市场之间的一种中间组织。市场以竞争为导向、效率为原则,但企业之间缺乏稳定的联系,科层强调命令、服从,稳定有余而灵活性不足。集群则介于二者之间,集群内部生产商和中间商的稳定关系有助于为游客提供质量恒定、价格低廉的旅游产品和服务,与单个企业或政府部门相比,旅游产业集群作为整体具备竞争优势。

(2)环境因素。

旅游产业集群的发展,注定与其过去、现在和未来相联系。集群所在地区的经济水平积累、前期制度政策、社会文化历史等过去的行动和信息势必影响旅游产业集群现在的发展。首先,当地的经济水平与旅游产业集群关系密切。如果经济水平比较高,城市居民的旅游消费需求就比较高,农村地区的旅游基础设施比较完备,农村居民的市场观念比较强,旅游产业集群也就更容易形成。从全国来看,东部地区经济实力最强,旅游产业发展也最好,中西部地区经济实力较弱,旅游产业发展也较差。其次,地方政府的产业政策显著影响旅游产业集群。旅游产业发展离不开政府引导和支持,如果地方政府大力发展旅游,给予企业和农户资金、管理等方面的优惠,那么就会有更多的企业、资金和人才进入产业,形成集群的概率更高。再者,当地的社会文化环境也显著影响旅游产业集群发展。区域经济环境直接影响旅游产业发展,社会文化环境也有间接的作用。如果当地的民俗、饮食等非常独特,则对城市游客的吸引力就比较强,发展旅游更具备资源优势。不仅历史影响旅游产业集群发展,对未来的预期也会产生重要影响。如果企业对当地经济充满信心,对地方政府规划预期稳定,那么企业就可能坚持长期发展,有利于集群形成和发展。如果企业担心未来地方政府的规划不利于旅游发展,预期当地经济下行,那么企业有可能撤资退出。近年来,有关促进旅游发展的中央、地方政策层出不穷,这是旅游产业集群发展的重大利好。

区位位置、区域环境、区域规划等区位因素同样影响旅游产业集群发展。如果当地地理位置优越,交通便利,则更容易吸引游客,集群的发展有较高的市场需求为基础。如果旅游资源分布合理,方便游客安排时间和线路,需求集聚将引导企业和经营户集聚,自然形成产业集群。旅游产业集群发展严重依赖于区域规划,有的规划破坏了乡村的乡土性或独特性,削弱了旅游目的地的吸引力,不利于集群发展;有的规划与现有的旅游资源相得益彰,提升了旅游项目的整体魅力,有助于集群扩大和进一步发展。规划能否严格执行也很重要,好的规划得不到贯彻,集群内企业信心不足,也不利于集群发展。

制度因素既包括正式制度,也包括非正式制度。正式制度主要是指法律、政策、规范和程序等。正式制度的制定者是各级政府,执行者也是各级政府,因此,正式制度主要通过旅游企业与政府的互动发挥影响。一般的,地方政府为了促进当地旅游产业发展,都会出台一系列优惠政策,降低旅游企业成本,减少运行障碍,推动创新发展。再者,正式制度的执行往往受到一线执行者的自由裁量影响,旅游企业与制度执行主体的良好互动有助于前者获取资源、克服障碍。非正式制度主要是指无形的文化、气氛、惯例等。非正式制度是由相关利益主体长期互动形成的,长期的互动导致组织趋同,形成稳定预期,旅游企业之间交易的风险降低,进而交易成本降低,更可能形成稳定的合作,提高效率。而且,非正式制度降低了组织间的沟通成本,知识在集群内部能够更加便利地传播,有利于提高集群整体的竞争力和创新性。

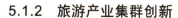

5.1.2 旅游产业集群创新

（1）集群分工。

旅游产业集群分工既包含以消费者需求为中心的分工,也包含以产业链核心企业为节点的分工。以消费者需求为中心的分工是指旅游资源与旅游客源之间的分工。例如,旅游资源地加强资源开发,加大基础设施建设,优化住宿、餐饮等旅游服务数量和结构;旅游客源地旅行社加强宣传,交通运输企业链接客源地和资源地;最终实现旅游需求和供给的匹配。

以产业链核心企业为节点的分工是指核心企业与其他非核心企业之间的分工。例如,携程等平台企业作为产业链核心,与相关的交通运输企业、酒店餐饮企业、旅游资源供给企业之间的分工。再比如,旅游资源地的旅游产品服务提供商作为核心企业,与旅行社、交通运输企业、酒店餐饮企业之间的分工。这种分工包含产销分工、纵向一体化和跨区域整合三种类型。产销分工,即生产商与经销商的分工。核心企业负责提供旅游产品和服务,周边企业则负责分销,反之亦然。例如,旅行社作为核心企业,通过正式的合约,与不同旅游资源地的酒店餐饮企业分工合作,共同经营;连锁酒店为核心企业,分布在不同的旅游资源地,与平台企业、旅行社分工合作。纵向一体化,即产业链核心企业向前或向后、吸收或联合周边企业,例如,航空公司作为核心企业,兼并或联合旅行社、旅游资源地酒店餐饮企业等。甚至旅游产业外部的企业也可能作为核心企业,进行跨产业的一体化,例如,金融企业、房地产企业、农业企业作为核心企业,兼并或联合旅游产业企业。跨区域整合,即旅游资源地的企业与区域外的企业分工合作。旅游资源不可移动,但客源、经营理念和技术、设备等可以流动。旅游资源地之外的分销商、旅游产品开发商等,为当地企业带来客源、信息、多元化的商业模式、资金等,与当地独特的旅游资源结合,有助于提升集群的整体竞争力。在这种整合模式下,既可以是当地企业作为核心,也可能是外部企业作为核心,关键取决于谁掌握核心竞争力。

（2）集群合作。

旅游者的需求是一揽子的,但旅游产业集群内的任一主体仅能提供某一方面的产品或服务,谁也无法满足旅游者的全部需求,因此,集群内各主体必须合作才能满足旅游者的整体需求。旅游者对旅游产品和服务的总体评价并非局部评价的简单加总,单个环节的质量差错会导致总体评价的非线性下跌。在合作过程中,集群共享信息、知识、市场等资源,旅游者获得更好的体验。

旅游产业集群的合作模式主要包括企业合作、横向一体化和政企合作三种类型。企业合作可以发生在互补企业和替代企业之间。互补企业各自只能提供旅游者所需的部分产品和服务,合作则可以更大程度上满足旅游者的需求,有助于构建共同的旅游产业品牌。例如酒店和景点,二者分享客户资源,酒店销售景点门票、景点提供折扣、互相提供接送服务,这种联合销售行为提高了整体市场营销的效率,降低了运营成本。当企业提供类似的产品和服务时,一般具有排他性,但是,在一定条件下,合作建立分销网络可以提升销售总量,从而产生网络外溢效应。例如,旅行社相互代理产品,酒店餐饮企业共享客户资料,交通运输企业消费累计优惠,旅游景点联合促销等,合作企业内部获得更多客源,合作的收益超过了成本。横向一体化发生在竞争企业之间。竞争有助于优胜劣汰,旅游者可能获得质优价低的产品或服务。但是,激烈的竞争提高了单个企业的运营成本,限制了企业降低成本、提高质量的能力。竞争企业之间的兼并、收购、联盟等横向一体化行为,有助于获得规模和网络效应。例如,分散的中小型旅行社合并成跨区域的大型旅行社,有助于压低旅行者的交通、住宿、餐饮、门票等费用。旅游产业发展离不开政企合作。旅游企业的自发行为往往具有短视性,容易破坏生态环境,不利于旅游产业可持续发展。政府通过统一规划,调节开发节奏,有助于旅游资源的维护和更新。再者,单个旅游企业的违法违规行为往往会破坏整个旅游资源地的声誉,具有极强的负外部性,政府或者行业协会的适度协调有助于建立统一的产品和服务规范,提升资源地的整体吸引力。

（3）集群学习。

集群的分工合作促成了集群学习。集群包含多个成员,每个成员既生产知识,又接受知识,都是学习的主体。集群中的核心企业、周边企业、政府部门、行业协会、科研教学机构都参与集群学习的过程。组成集群的各个成员,围绕旅游产业形成网络,既包含生产和销售、供给和需求等商业关系,也包含规制与被规制、志愿联合等社会关系,知识、信息、技术等通过这些网络传播。

集群的成员之间既存在激烈的竞争,也存在自愿合作。在竞争中,赢得竞争优势的战略定位、营销手段、经营策略等被模仿和学习,在合作中,先进的理念、技术和管理手段等在合作单元中传播分享,集群学习自然发生。集群的形成经过了成员的成本收益分析,互补的单元通过合作带来共赢,即便是相互竞争的企业,集群总体的规模经济、声誉溢价等也会超过竞争的损失。

集群学习发生在多个层次。首先是员工个体学习。员工在入职之前,为了谋求某个职位会发生主动学习,如参加资格考试、接受职业培训、向其他在职人员学习。员工入职后,组织本身会安排新员工的培训,安排老员工指导新员工,在工作中还有正式的阶段性培训学习。在工作中,员工之间的非正式沟通,员工主动观察思考等形式的非正式学习也会自然发生。员工离职后,进入新的组织,也会带来新的知识,新旧知识碰撞,还会生产新知识。其次是组织学习。组织与价值链前端和后端的集群成员之间相互学习,有助于挖掘价值链的潜力,发现新的价值空间,既有利于最大限度满足旅游需求,又有利于创造新的盈利机会。企业之间的竞争合作创造了知识传播的机会,在互动过程中经验和教训得以分享。政府和企业之间同样相互学习,规制与被规制、服务与被服务,在不断的接触中政府和企业不断优化调整自身行为。政府和旅游企业之间互相学习,政府增加对企业的了解,政策制定、执行等环节更加优化,企业增加对政府的了解,经营的合法性和声誉提高。其他非核心组织也能提供知识生产和传播的机会,例如,咨询机构向多家旅游企业提供管理咨询,会展企业组织行业集会,科研院所研究现实问题等。再次是集群层面的学习。集群与集群之间同样也会相互学习,具体的形式与组织学习相似。

（4）集群创新与扩散。

企业创新与政府创新。激励旅游企业创新的是供给端的压力和需求端的动力（Hjalager,2002）。旅游企业在提供产品和服务时,总会遇到各种各样的问题,既有的方式方法无法解决,企业创新应运而生,其结果或者改善了产品和服务的质量,或者提高了提供产品和服务的效率。旅游企业还面临旅游消费者不断变化的需求,新需求的出现迫使企业必须做出回应,当企业克服各种困难提供新产品和新服务时,创新发生了。旅游企业创新可以划分为产品创新、过程创新、营销创新、管理创新四种创新形式（Hjalager 等,2010）。产品创新主要是提供新产品或新服务。过程创新主要是优化旅游产品和服务的流程,提升旅游体验,改善经营效率。营销创新主要是旅游企业从产品、价格、促销和渠道等维度着手,综合改进企业和消费者的沟通过程,实现供给和需求的匹配。

政府也是旅游产业集群的创新主体之一。政府设立相关的组织机构,协调旅游产业发展的各项事务,为企业提供服务;通过总体规划,为旅游资源可持续开发奠定基础;制定各种鼓励政策,降低企业成本,推动旅游产业发展;投资旅游基础设施,降低产业投资门槛;积极开展政府营销,提升旅游目的地美誉度。

创新扩散。旅游产业集群有利于创新扩散。相比市场中自发的企业关联,集群内部成员之间的关系更加稳定,持续时间更长,知识传播的效率更高,因此创新扩散更加高效。集群成员在地理上临近,接触的机会更多,即便在信息技术高度发达的今天,直接的接触也更有利于创新扩散。集群成员在长期的互动过程中,合法性逻辑促使组织趋同,不仅显性知识更容易传播,隐性知识的传播障碍也大大降低。在旅游产业集群中,小微企业占主体,人员流动频繁、企业变动较大、抄袭跟风模仿较多,也在一定程度上加速了创新扩散。但是,旅游企业的小微特性也可能阻碍创新扩散。小而散不利于形成统一的产品和服务标准,而消费者又处于信息劣势,两方面原因导致实际旅游产品和服务质量低下,消费者用脚投票,旅游市场整体受损。小微特性不利于承受创新风险和承担创新成本,企业创新意愿较低,企业创新能力也较弱。小微企业往往围绕旅游目的地中介机构形成单中心合作网络,相比较多中心的结构,这种单中心的网络结构不利于知识的生产和传播,可能抑制集群内的创新扩散。

旅游产业集群的创新扩散依托于内部和外部环境。政治、经济、社会、技术等宏观因素有重要影响。例如,我国改革开放以来,政治稳定、经济快速增长、人民旅游需求旺盛、交通运输信息技术等飞速发展,这些环境变化均有利于旅游产业高速发展。潜在的和现在的竞争、供应商和消费者的议价能力等产业层面因素也发挥重要作用。旅游资源具体独特性,在一定地理空间内具备垄断性,竞争和替代风险较低,消费者议价能力也较低,这些产业特征说明旅游产业具有良好的发展前景。企业自身的文化、战略、结构、资源等是决定创新扩散的根本因素,开放的企业文化、清晰的战略、灵活的结构和充足的资源有利于企业创新。当然,创新本身的属性直接影响了企业的创新决策。Rogers(2003)提出创新的相对优势性、相容性、复杂性、可试验性和可观测性等属性直接影响创新扩散的概率。一般的,当某项创新能够带来显著的收益、与旧有的系统兼容、使用比较简单、可以在局部进行试点、创新的收益清晰可见时,那么企业采纳创新的可能性就比较高,反之亦然。

旅游产业集群的创新扩散与集群的生命周期联系密切。在集群形成阶段,需求拉动供给,初创企业数量逐步增多,一方面由于需求旺盛,企业自发经营即可获利,创新动力不强,另一方面,企业简单的模仿抄袭即可维持生存,所以整个创新扩散处在萌芽阶段。在集群成长发展阶段,集群内部各类主体的互动增多,集群内部网络逐步形成,通过网络各个节点,知识快速传播扩散,创新的速度大大提升,集群网络对创新的促进作用初步显现。在集群成熟阶段,创新将有所减缓,但是核心组织的辐射作用仍将发挥影响,集群核心的局部创新行为通过集群网络向价值链的各个环节传递,集群整体的创新绩效仍然稳定。在集群生命周期的最后阶段,集群面临生存和死亡的抉择。如果集群创新不足陷于停滞,旅游产品和服务无法有效满足消费者需求,其他集群竞争力更强抢走了客源,集群可能走向衰退甚至死亡。但是,如果集群能够走出旧有的路径依赖与技术锁定,更新产品和服务,与消费者不断变化的需求相匹配,集群很可能浴火重生,进入下一个生命周期。管理创新主要是企业内部的组织变革,更新组织文化、优化组织结构、改进人力资源管理、流程再造……最终提升员工满意度,提高效率,提升企业绩效。

5.2 旅游产业融合

5.2.1 旅游产业融合农业

(1)机理。

旅游产业融合主要是指以共用资源为基础,将旅游服务和其他产业相结合,从而改变其他产业并形成一个新产业的过程。旅游产业的核心要素是旅游服务,而旅游服务是一种无形要素,无形要素更容易与其他产业进行融合(王慧敏,2007)。旅游服务是旅游产业融合的关键要素,因为旅游服务可以从旅游产业扩展到其他产业,并作用于其他产业使其产品开发、生产和销售等发生变化。毫无疑问,旅游服务在其他产业得以应用和扩展是需要一定的条件的,旅游资源是载体,只有依附在旅游资源上,旅游服务才能拓展到其他产业。因此,在规划旅游产业融合时,首先要关注的是被融合产业是否具有一定的旅游资源。

农业产业具有丰富的旅游资源,符合旅游产业融合农业的先决条件。旅游服务应用于农业产业,使旅游产业和农业产业相融合,产生出一种新的产业模式。旅游服务应用于农业产业后,首先为产品开发注入了新的思路,将农业引入旅游产品开发之中,促使了一种新的旅游产品的诞生。这种新的旅游产品,具备农业和旅游产业双重属性,既拥有农产品的功能,又拥有旅游产品的特征。在新的旅游产品的基础之上,为满足游客的吃、住、行、游、娱、购这旅游六要素的需求,旅游的配套设施和服务得以发展,同时,也促进了旅游产品组合创新。旅游产业融合农业的过程中,最初仅表现为基于农业旅游资源的旅游产品的出现,随着在旅游产品开发之中对旅游资源愈加广泛而深入的开发,旅游产品数量和类型也愈加丰富多样,原有农业产业的功能逐渐减弱,旅游产业的功能逐渐增强,慢慢"侵蚀"农业产业在其中的作用。旅游产业融合农业的最终结果是产生了新产业,它同时具备双重产业属性,以旅游产品为主的新型旅游业态,其功能虽然兼有旅游产业和农业产业的产业功能,但以旅游产业的功能为主。

(2)过程。

旅游产业与农业产业的融合过程大致可以分为初级融合和高级融合两个阶段。在初级融合阶段,单纯地将旅游引入农业产业生产过程之中,并不存在对旅游资源的开发,也没有对原有旅游产品的创新。在这一阶段,融合形成的新产业以农业属性为主,保留了农业的主体功能,产业融合主要体现在农业景观形成的时候,即游客的观光旅行。此阶段,旅行产品仅具有观赏观光的功能,功能单一且季节性强。在高级融合阶段,农业产业和旅游产业结合更加紧密,侧重于对农业旅游资源的深入开发,产生了丰富多样的旅游产品,从简单的观光旅游,逐渐发展成集休闲娱乐于一身的旅游产品组合。此阶段,旅游产品更加丰富,并不局限于对旅游资源的观赏,也注重吃、住、行、游、娱、购这六要素的平衡发展,逐渐形成一个以农业资源为核心的旅游产品体系。以青岛市城阳区为例,从全市来看,城阳乡村旅游和农业旅游资源不是最好、最丰富的区，却是乡村旅游发展最好的区市之一，城阳区的做法显示了旅游融合农业的巨大成效。首先，打破季节限制，时间覆盖全年。从1月份草莓采摘节开始，5月份樱桃节，6月份红杏节，8月份葡萄节，直到11月底的秋收节，旅游时间基本覆盖全年，旅游活动四季不断档。其次，打破地域限制，规模横跨东西。在东部夏庄、惜福镇街道，突出果蔬优势，樱桃采摘、草莓采摘、葡萄采摘、红杏采摘，品种丰富；在西部棘洪滩、上马街道，民超生态园、羊毛沟花海湿地等一批旅游项目相继建成，开启了旅游发展新篇章。再者，突破单一农作物限制，节会拓展广泛。草莓采摘节、樱桃山会、少山红杏节、宫家葡萄节、河崖秋收节五大采摘节以及上马小海鲜美食节、城阳国际露营节、童玩节等旅游节会崭露头角，旅游节会已覆盖登山、采摘、美食、赏花、民俗文化等众多领域。这些举措最终转化为农民的收入，增收成效明显。乡村旅游带动草莓、葡萄、红杏等农产品价格持续走高，不仅提高了当地农民的纯收入，而且减少了采摘、运输、批发等环节的成本，增收效果更加明显。

旅游产业与农业产业经过初级融合和高级融合阶段后，形成了观光农业和休闲农业两种不同的产业模式。初级融合阶段的成果是观光农业，农业产业功能为主，旅游观光功能为辅，对原有农业产业的影响较小；高级融合阶段的成果是休闲农业，其表现为将农业特色与旅游六要素相结合，形成有农业特色的旅游产品，如农家乐餐饮住宿、农村民俗娱乐、农家纪念品等多种形式的旅游项目，使得旅游功能更加全面地与农业结合，旅游产业对农业带来了巨大的影响。

（3）结果。

基于旅游产业融合农业的融合过程，前文将融合结果分为观光农业和休闲农业两种新的产业模式。这种表述立足于农业产业功能的变化，却未包含对农业产业变化的深入思考。此部分将从经营模式、农业旅游产品数量及品牌、农业旅游产品营销方式等方面，详细阐述旅游产业融合农业给农业产业带来的变化。

旅游产业融合农业的经营模式指的是农业旅游资源的经营主体和组织管理方式等。旅游产业融合农业的经营模式既不单一也不固定：对于不同的经营规模，其经营模式存在差异；对于不同的农业资源，其经营模式不同；对于不同的开发方式，其经营规模也多种多样。基于旅游产业融合农业的发展阶段、行为主体、产品类型等的分析,不同的学者归纳出了旅游产业融合农业的不同经营模式。此外,根据经营主体数量的不同,可以将旅游产业融合农业的经营模式分为分散经营模式和集中经营模式。一般来说,如果旅游产业融合农业的经营之中涉及多于一个的经营主体时,便认为其采用了分散经营模式,反之如果旅游产业融合农业的经营之中有且仅有一个经营主体时,便认为其采用了集中经营模式。分散经营模式多被采用在旅游产业融合农业的初级融合阶段,此时,由分散的农户对现有农业资源进行开发,多个经营主体各自行动,使得旅游景观缺乏全局意识,对农业资源的开发力度也有限,此外,经营主体各自经营并自负盈亏,各自的经营风险较大,且个体的资金有限,难以实现对农业资源的重复利用。集中经营模式则多被采用在旅游产业融合农业的高级阶段,农业资源集中在单个经营主体手中,统一规划、科学开发,此经营模式可以整合该区域内的优质资源,全局把握旅游景观的开发和改造,实现旅游线路的设计开发。此外,集中经营模式并不局限于农业资源,其更注重消费对象——游客的需求,将农业生产、生活及民俗等融入旅游产品之中,推出更丰富的旅游项目。

农业旅游产品是产业融合的重要产物,其数量和品牌可以反映产业融合的程度。农业旅游产品数量反映产业融合的广度,农业旅游产品品牌则可以反映产业融合的深度。就旅游产业融合农业而言,农业旅游产品的数量随着旅游产业和农业产业融合面的扩大而增加,其数量越多,旅游产业的功能越强,相应地,农业产业功能越弱;农业旅游产品品牌的形成,暗示着该地区农业产业功能逐渐消失,随着农业旅游产品品牌知名度的增长,该地区在旅游产业上的影响也就越大。

在旅游产业融合农业的初级和高级融合阶段,都有农业旅游产品的产生,但其数量和品牌均存在较大差异。在产业融合的初级阶段,观光农业是主导的产业模式,其农业旅游产品数量较少,类型单一,没有统一而知名的品牌。在此阶段,由于未对农业资源进行深入开发,农业旅游产品单纯地依附于农业而存在,表现出很强的农业资源季节性。在农业资源适宜观赏的季节,游客数量较多,催生了为满足游客吃住需求的农家乐等项目,但这些项目产品是以单个农户为单位进行开发的,受制于单个农户的有限资源,农业旅游产品的数量并不丰富,多为有当地特色的农业产品,而且多个经营主体难以形成统一的品牌进行销售。旅游产业融合农业的高级融合阶段,对农业资源进行深入开发,形成了多种多样的旅游产品,同时,采用集中经营模式,由一个经营主体对农业资源统一开发管理,容易建立统一的农业旅游品牌。此阶段,农业旅游产品摆脱了农业资源季节性的限制,形成了较稳定的客源市场,农业旅游产品不仅包括农业产品,还涵盖了吃、住、行、游、娱、购等这些方面,极大地满足了游客的各种需求。一个经营主体负责对农业资源进行统一开发和管理,可以建立一个统一的农业旅游产品品牌,同时集中地区优势,对品牌进行广泛宣传。

旅游业与农业融合后,产品和服务本身、生产者和消费者都发生了变化,营销方式也发生显著变化。例如,青岛市莱西市采取多重措施,创新乡村旅游产业营销方式。一是节庆拉动。2013年以来,市旅游局先后成功牵头组织、指导了包括2015世界休闲体育大会之世界休闲高峰论坛、2015中国旅游日山东主会场活动、大青山槐花节、旅游摄影大赛等100余次特色节庆活动;成功组织50余次惠民活动,累计8000多人次受益。二是捆绑营销。依托莱西市旅游协会探索捆绑营销、组团发展路径,成立了包含鲜多多农场、沁楠香休闲岛等在内的10家品牌景区营销联盟,通过宣传折页、宣传海报、青岛地铁围挡广告集中宣传。三是多元媒体推广。拍摄专题片《美丽乡村齐鲁行——家在莱西》,出版图书《最休闲 莱西游》,成熟运营官方微信、微博,与山东广播体育频道、QTV-4《开心旅游》《青岛日报》《青岛画报》《莱西市情》密切合作,专题、专版、专刊宣传莱西旅游发展。四是联合营销。2016年8月份组织举办了山东半岛城市旅游区域合作联盟休闲旅游论坛活动,牵头成立了包含莱西、即墨、胶州、平度、牟平、招远、莱阳、昌邑八县市在内的"山东半岛县域旅游合作联盟",依托这一联盟,积极推进资源共享、客源互送、信息公用、执法联动、合作共赢,实现县域休闲旅游从单打独斗转向区域合作模式,以将莱西旅游尽快融入半岛旅游圈。莱西市还先后与多个区县联合推广乡村旅游,共享客源、协同促销、共建特色产品组合,初步具备产业集群的条件。

胶州市依托农业品牌优势,拓展农业的生产、生活、生态等综合功能,发展乡村旅游、休闲农业、采摘农业等现代农业新形态,打造了一批民俗风情型、产业发展型、旅游休闲型等各具特色的美丽乡村,进一步延长现代农业的产业链、价值链和品牌链。里岔镇郁香国泰高端都市农业生态园,利用自然丘陵地势,将生态循环农业与休闲旅游自然结合起来,集有机果蔬规模种植、畜禽养殖、初级农产品精深加工、休闲观光农业、家庭农场于一体。

城阳区充分利用信息技术,创新立体化宣传促销,开发乡村旅游客源市场。一是微博微信宣传。新媒体具有传播快、受众宽、精准度高、成本低的特点,2016 年,升级了旅游官方微博与微信,丰富了旅游信息与旅游服务功能,突出互动性、时效性和便捷性,通过微博发布 10～20 条/天,微信发布3 条/天以上旅游信息。其中《城阳:中国第一免费登山城》攻略被"青岛人""大城阳"等一批"草根"微信大号转载,累计阅读量一月内便超过 4 万次。推出的《城阳贺年新鲜旅》《城阳春季四大主题游线路》《草莓采摘指南》《一条微博教你高大上地吃遍城阳》等一批实用性强的博文,受到网友喜爱,一周阅读量突破万人次。二是网络宣传推广。在青岛新闻网、半岛网等门户网站合作,制作了"城阳贺年新鲜旅""红杏采摘节""宫家村葡萄节"等旅游专题,进行专题推广,第一时间将活动信息、旅游线路、草莓园和农家宴联系方式公开发布,游客和商贩可以直接联系果品采摘、采购,成为果品销售最多的一年;利用"今日头条"对宫家村葡萄节三大片区、城阳贺年会旅游线路进行了手机客户端的推广,阅读及转发曝光量累计超过 100 万次。以"城阳旅游"为关键词搜索,网页搜索数量达到了 210 万。在百度、高德等网络地图上推广加载星级酒店、采摘园信息,为游客推荐不同特色的旅游线路,由游客根据自己的喜好选择最喜欢的线路,直接与采摘园和农户联系采摘旅游的事项,方便快捷。三是组织旅游企业参加旅游博览会。积极组织旅游企业参与国家、山东省组织的旅游博览会,学习经验,开阔思路;探索旅游区域发展与合作的新思路、新做法,邀请旅行社到城阳采风踩线,吸引更多的旅游客源进入了城阳旅游市场。

5.2.2　旅游产业与文化产业融合

（1）机理。

文化产业具有文化和经济双重属性,旅游产业拥有经济和文化双重特征,二者的相似性奠定了产业融合的基础。当文化进入旅游产业,原有的旅游产品和服务增加了文化内涵,产品线横向和纵向均有延伸,进一步促使整个旅游产业链发生改变,文化产业融合了旅游产业。反之,当旅游服务跨越旅游产业边界进入文化产业,抽象的文化转化为可观赏、可体验的产品和服务,文化产生的生产、销售和需求等也发生变化,旅游产业融合了文化产业。如果两种融合过程同时发生,文化产业与旅游产业相互改变,新的需求、新的产品和服务、新的价值链出现,即为旅游产业与文化产业互动融合。互动融合既满足了消费者不断升级的旅游、文化需求,又产生了新的盈利空间,实现了供需双赢。

(2)过程与结果。

文化产业与旅游产业的融合过程受到资源相对优势的影响。如果某地文化资源相对旅游资源具有优势,产业融合的过程就可能表现为文化产业促进了旅游产业。例如,曲阜的孔子文化资源在全球具有独特性和吸引力,而孔府、孔庙和孔林等旅游资源相对吸引力较小,孔子文化提升了所有旅游资源的内涵,文化产业拉动当地旅游产业的发展。如果某地文化资源处于相对劣势,就可能是旅游产业融合文化产业,促进文化茶叶发展。例如,桂林的旅游资源具有很高声誉,"桂林山水甲天下"的说法深入人心,而当地的靖江王府相对吸引力较小,但是桂林旅游产业的发展带来巨大的客源,在欣赏桂林山水的同时顺道领略桂林的文化,旅游产业带动了当地文化产业的发展。因此,政府和企业的产业融合决策要对当地的文化资源和旅游资源进行科学的评价。

需求是推动产业融合的重要力量。无论旅游产业还是文化产业,只有不断满足消费者的需求,产业才能可持续发展。消费者的需求是不断变化的,在满足基本的物质需求之后,消费者对文化的需求不断增长。消费者的文化诉求不仅直接体现在文化产业中,也体现在旅游产业中,文化需求直接推动了旅游产业和文化产业的融合。一方面,旅游消费者不再满足于简单的观光、体验,希望旅游资源能体现文化内涵;另一方面,文化消费者也不满足于传统的文化消费方式,希望能在旅游活动中品味文化。因此,让旅游活动富有文化内涵,让文化产业带有旅游功能,成为文化产业和旅游产业融合的内在要求。

当旅行社、餐饮和住宿等企业进入文化产业时,有助于赋予文化产业旅游功能。旅行社可以将分散的文化消费需求集合起来,也可以将分散的文化供给集合起来,从而以更加集约的方式实现供需匹配。如果在文化资源所在地投资餐饮和住宿,有助于延长文化消费的时间,增加消费者与文化产品的接触而提升文化体验,最终更好地满足消费者需求。进一步,文化需求的集聚可以拉动文化供给,有助于挽救那些濒临灭绝的文化,客观上起到了保护和发展文化资源的作用。同样,当旅游资源具有文化内涵时,旅游产业也焕发了勃勃生机。娱乐、餐饮、住宿等如果能够在产品和服务中体现文化属性,可以大大提高其增加值,既增加对消费者的吸引力,又有助于提升旅游产业的盈利能力。以主题公园为例,迪士尼、环球影城等在纯粹的游乐项目之外,赋予其童话故事、相关影片的信息,消费者在游玩之中体验文化,旅游和文化完美结合。餐饮在菜品设计环节也可以增加文化元素,外观、起源、寓意等都有助于提升消费者体验。

青岛各区市在发展乡村旅游产业过程中,纷纷依托当地民俗文化资源开发乡村旅游民俗产品。莱西市整合全市历史文化资源,深入挖掘旅游文化教育功能,编制《莱西旅游神话故事》;以马连庄镇红色文化遗址遗存为核心吸引物,以爱国主义教育、红色文化体验、自然生态观光、乡村休闲度假为主要特色,综合开发各类旅游功能,将马连庄综合打造成"红色吸引人、绿色留住人、情景感染人"的青岛市北部区域旅游热点区域、青岛市红色龙头产品;开发马连庄镇红色旅游河崖景区,建立"河崖胶东行署旧址——红色教育基地";开发夏格庄渭田红色教育基地。胶州市推进旅游产业与文化产业融合,深入挖掘民间秧歌、剪纸、八角鼓等民俗文化,充分发挥"秧歌之乡、剪纸之乡"两大文化品牌优势,整合各类文化资源和文化项目,打造民间、民俗文化旅游品牌。胶北玉皇庙村,打造"红色教育基地""乔老县长故居"、尼山书院、王母井、民俗博物馆、传统手工艺体验馆等一系列旅游景观,使美丽乡村成为重要旅游目的地。

5.3 旅游公共政策

5.3.1 公共政策与旅游产业

公共政策与旅游产业互相影响,互相作用。一方面,旅游产业的演进推动公共政策不断变化调适;另一方面,公共政策也影响着旅游产业的发展进程。

旅游产业的发展动态影响公共政策制定、执行和绩效。公共政策是为了解决旅游产业发展中的问题而出现的。当旅游产业处于起步阶段,从业者缺乏资金、信息、技术等资源,政府就会制定土地、税收、财政、金融等优惠政策加以扶持;当市场比较混乱时,政府就会制定质量标准,加大监督和处罚力度。公共政策反过来也会影响旅游产业发展。当城市居民消费升级,呼唤旅游产品和服务时,政府适时制定假期调整政策,为消费者提供时间条件,有助于推动旅游产业起步。当大量分散的农户、旅行社、资金进入旅游产业时,市场混乱、质量没有保障,政府进行市场整顿,统一规划旅游资源,整合经营主体,有助于推动旅游产业进入健康轨道。反之,如果政策与产业发展不匹配,不仅不能促进旅游产业发展,还会起到其他负面作用。如果政府提供优惠政策过度,就会吸引过量的资金、人员和企业进入旅游产业,供给过剩,不仅会破坏稀缺的旅游资源,还会影响当地的土地、税收和金融等系统。

5.3.2 产业水平与政策组合

公共政策与旅游产业发展水平要相互匹配,既不能超前也不能滞后。苏振(2011)构建了测量区域旅游产业发展水平的二维矩阵,划分了旅游产业强势区、社会经济推动区、旅游产业弱势区和旅游产业拉动区四种类型,本书提出了各自对应的政策组合。

(1)强势区。

旅游产业强势地区一般既具备良好的供给能力,又具备较大的市场需求,产业发展水平较高。在供给方面,该地区往往拥有高品质的旅游资源,经济文化水平较高,基础设施完备。在需求方面,人口数量较大,收入水平较高,不仅本地需求旺盛,外部需求也很大。旅游产业强势地区虽然具备当前的竞争优势,但是市场是动态的,其他竞争对手都在不遗余力地争夺市场。

旅游产业强势地区可将旅游产业定位为支柱产业。根据产业结构演进的一般规律,当经济发展到一定程度,一、二产业所占份额逐步下降,第三产业将占据主导地位。旅游产业是第三产业的重要组成部分,本身具备较强的产业关联度,如果产业发展水平足够高,能够带动其他行业发展,成为支柱产业。旅游产业强势地区满足以上条件,一方面该地区正在经历一、二、三产业此消彼长的产业结构转化过程,另一方面旅游产业水平又足够高,因此,地方政府的产业政策可以以旅游产业为主导。

旅游产业强势地区可以制定国内旅游主导的市场战略。旅游产业强势地区内需强劲，居民既可以在当地满足旅游消费需求，也可以在境外满足需求，该地区外需同样强劲，本地独特的旅游资源对外地或外国居民吸引力很大。这种情况下，地方政府的政策需要协调入境旅游、国内旅游和出境旅游三种需求，一般的，出境游和入境游均属于居民自发行为不宜限制，规范发展是主要政策导向，而国内旅游则是拉动内需、创造本地税收和就业的重要手段，因此，旅游产业强势地区可以制定国内旅游主导的市场战略。

旅游产业强势地区主要依靠市场和法治保障产业发展。社会主义市场经济主要依靠市场配置资源，政府在法律约束下行使有限权力。旅游产业强势地区市场化水平较高，市场可以高效地引导需求和供给，竞争机制优胜劣汰保证保障良币驱逐劣币。市场中的纠纷和矛盾主要依靠法律来裁决，市场主体普遍尊重法律的权威。政府的作用主要体现为应对市场失灵，不断优化法律制度，规范多元主体的行为，加大对创新的支持，适度降低企业创新的成本，保护生态环境，促进旅游产业可持续发展。

旅游产业强势地区以社会投入为主。当一地经济水平较高时，地方政府财政资金充足，企业购销两旺，地方政府的主要投资方向就应聚焦于公共设施。具体产业的资金需求依托市场满足，产业发展前景好，自然有资本进入，产业发展前景不好，自然无人问津。地方政府不必依靠优惠政策招商引资，市场自发引导资金流向更加高效的产业。强势地区发展旅游产业不能故步自封，要不断开发新产品以适应市场变化。旅游消费需求非常多元，本地居民、周边居民、远距离甚至境外居民的消费各有不同，不同经济条件的游客消费偏好也不同。因此，旅游产业强势地区应加大产品开发力度，加强市场研究和市场细分，不断满足消费者被忽略的需求，维持竞争优势。满足消费者需求是产业可持续发展的根本，旅游产业强势地区对内要不断提升产品和服务质量，对外要整合多种营销手段扩大影响力。

（2）拉动区。

旅游产业拉动区通常具备优质的旅游资源，但自身供给能力薄弱，与市场需求不匹配。在供给方面，虽然该地区具备发展旅游产业的资源基础，但是受限于地区总体的经济水平，旅游基础设施较为薄弱，企业和社会缺乏足够的资源投入。在需求方面,本地需求规模较小,外部需求挖掘不足。总体看,旅游产业拉动区需要政府主导的产业发展政策。

旅游产业拉动区也可以将旅游产业定位为支柱产业。当地域规模较小时,虽然拉动区供给能力有限,但是独特的旅游资源蕴含着丰富的市场潜力,再加上旅游业对其他产业的带动作用巨大,因此,拉动区也可以效仿强势区的产业定位。由于拉动区本地的市场需求规模有限,该地区主要开拓国内旅游,一方面加强内需,一方面加大对外地游客的宣传。相比强势区,拉动区的市场成熟度较低,政府"看得见的手"更加重要。旅游产业拉动区主要依靠政府投入引导市场资金进入。拉动区企业和社会力量相对薄弱,政府先期投入,在达到一定条件后,企业进入成本降低,引导市场自发力量配置资源。旅游产业拉动区政府往往采取多种政策拉动内部和外部需求,以促进产业发展。

(3)推动区。

旅游产业推动区通常具备良好的供给潜力,但是旅游资源开发不足。在供给方面,该地区发展旅游产业的外部环境非常好,经济、社会、文化等宏观环境有利于产业发展。但是,推动区往往缺乏吸引力足够强的旅游核心资源,从而限制了旅游产品和服务的有效供给。在需求方面,推动区内需充足,外部客源相对较少。因此,公共政策应聚焦于旅游资源科学开发、拓展外地客源等问题。

旅游产业推动区可以旅游产业为重点产业。虽然推动区先天的旅游资源不足,但是该地区社会经济条件优越,内需充足,只要加以科学规划与开发,后天建设的旅游资源同样可以发挥吸引力。地方政府如果能够先期启动旅游市场,当地既有的供给潜力就可以被激发,内部需求也会被充分调动,旅游产业的地位将逐步上升至重点产业。旅游产业推动区重点布局国内旅游市场,以挖掘本地居民旅游需求为导向。旅游产业推动区需要地方政府增加投入,引导市场和社会资金进入旅游产业,同时加大产品开发力度,满足本地居民多元化需求。旅游产业推动区的需求政策主要解决内需不足的问题,地方政府通过供需两端的政策手段激发本地居民的消费需求。

(4)弱势区。

旅游产业弱势区一般供给能力有限,产业水平较低。该地区往往经济整体水平不高,限制了旅游产业的潜力,如果当地存在高水平的旅游资源,地方政府的政策目标主要是科学开发,提高旅游产业在当地的经济地位,如果当地缺少高水平的旅游资源,地方政府的政策目标主要是新建旅游吸引物。

旅游产业弱势区也可以将旅游产业作为优先发展产业。如果当地旅游资源充足且质量高,地方政府加大投入并制定相应的鼓励扶持政策,很有可能撬动产业发展机遇,进一步加大营销工作力度,旅游产业完全可以在地方经济中扮演重要角色。旅游产业弱势区缺乏资金,既需要政府的直接投入,也需要优惠政策等间接投入,科学规划和开发提高旅游产品和服务的数量与质量也是必备条件。旅游产业弱势区产业水平较低,知名度不够,因此,政策目标主要是扩大影响力,吸引本地及外地游客。

参考文献

[1] Barke M. Rural Tourism in Spain[J]. International Journal of Tourism Research, 2004, 6(3): 137-149.

[2] Bramwell B, Sharman A. Collaboration in Local Tourism Policy-making[J]. Annals of Tourism Research, 1999, 26(2): 392-415.

[3] Briedenhann J, Wickens E. Rural Tourism-meeting the Challenges of the New South Africa[J]. International Journal of Tourism Research, 2004, 6(3): 189-203.

[4] Byrd E T. An Analysis of Variables That Influence Stakeholder Participation and Support for Sustainable Tourism Development in Rural North Carolina[J]. A Dissertation of Doctor of Philosophy, http://www.lib. ncsu. edu/resolver/1840. 16/5365, 2003-11-13.

[5] Choi H C, Sirakaya E. Sustainability Indicators for Managing Community Tourism[J]. Tourism Management, 2006, 27(6): 1274-1289.

[6] Clark G, Chabrel M. Measuring Integrated Rural Tourism[J]. Tourism Geographies, 2007, 9(4): 371-386.

[7] Cowling M, Bygrave W D. Entrepreneurship and Unemployment: Relationships Between Unemployment and Entrepreneurship in 37 Nations Participating in the Global Entrepreneurship Monitor (GEM) [R]. London: London Business School, 2003.

[8] Duarte P. Evolution of Rural Tourism in Portugal: A 25 Years Analysis[J]. Review of Tourism Research, 2010, 8(3): 41-56.

［9］ Fleischer A, Felsenstein D. Support for Rural Tourism: Does it Make a Difference ? ［J］. Annals of Tourism Research, 2000, 27（4）: 1007-1024.

［10］ Fleischer A, Tchetchik A. Does Rural Tourism Benefit from Agriculture［J］. Tourism Management, 2005, 26（4）: 493-501.

［11］ Fotiadis A, Chris V. Rural Tourism Service Quality in Greece［J］. Tourism Research, 2010, 8（4）: 71-86.

［12］ Gartner W C. Rural Tourism Development in the USA［J］. International Journal of Tourism Research, 2004, 6（3）: 151-164.

［13］ Gartner W C. Rural Tourism Development in the USA［J］. International Journal of Tourism Research, 2004, 6（3）: 151-164.

［14］ Holecek D, Williams J, Herbowicz T. Michigan Travel Market Survey. Michigan Agricultural Experiment Station, SpecialReport108［R］. East Lansing: Michigan State University, 2000.

［15］ Kayat K. Stakeholders' Perspectives Toward a Community-based Rural Tourism development［J］. European Journal of Tourism Research, 2008 , 1（2）: 94-111.

［16］ Kline C, Milburn L A. Ten Categories of Entrepreneurial Climate to Encourage Rural Tourism Development ［J］. Leisure Studies Journal, 2010, 13（1-2）: 320-348.

［17］ Kontogeorgopoulos N. Community-based Eco-tourism in Phuket and Ao phangnga, Thailand: Partial Victories and Bittersweet Remedies［J］. Journal of Sustainable Tourism, 2005, 13（1）: 4-23.

［18］ Lankford S V. Attitudes and Perceptions Toward Tourism and Rural Regional Development［J］. Journal of Travel Research, 1994, 32（3）: 35-43.

［19］ Lee B C, Kim D K. Relative Importance to Tourism Decision Makers of Indicators for Sustainable Rural Tourism Development in South Korea: Using AHP approach［J］. Journal of Tourism, 2009, 10（2）: 21-43.

［20］ Leeuwis C. Re-conceptualizing Participation for Sustainable Rural Development: Towards a Negotiation Approach［J］. Development and Change, 2000, 31（5）: 931-959.

[21] Li W J. Community Decision-making Participation in Development[J]. Annals of Tourism Research, 2006, 33(1): 132-143.

[22] Miller G. The Development of Indicators for Sustainable Tourism: Results of a Delphi Survey of Tourism Researchers[J]. Tourism Management, 2001, 22(4): 351-362.

[23] Park D B, Lee K W, Choi H S, et al. Factors Influencing Social Capital in Rural Tourism Communities in South Korea[J]. Tourism Management, 2012, 33(6): 1511-1520.

[24] Saxena G, Clark G, Oliver T. Conceptualizing Integrated Rural Tourism[J]. Tourism Geographies, 2007, 9(4): 347-370.

[25] Shane S. Explaining Variation Rates of Entrepreneurship in the U. S.: 1899-1988[J]. Journal of Management, 1996, 22(5): 747-781.

[26] Sharpley R, Jepson D. Rural Tourism: A spiritual Experience ? [J]. Annals of Tourism Research, 2011, 38(1): 52-71.

[27] Sharpley R, Roberts L. Rural Tourism-10 years on[J]. International Journal of Tourism Research, 2004, 6(3): 119-124.

[28] Simpson, M C. Community Benefit Tourism Initiatives-A Conceptual Oxymoron ? [J]. Tourism Management, 2008, 29(1): 1-18.

[29] Su B. Rural Tourism in China[J]. Tourism Management, 2011, 32(6): 1438-1441.

[30] Sue B. Rural Tourism in Australia-Has the Graze Altered ? Tracking Rural Images Through Film and Tourism Promotion[J]. International Journal of Tourism Research, 2004, 6(3): 125-135.

[31] Tosun C, Jenkins C L. The Evolution of Tourism Planning in Third World Countries: A Critique[J]. Progress in Tourism and Hospitality Research, 1998, 4(2): 101-114.

[32] Wilson S, Fesenmaier D R, Fesenmaier J, et al. Factors for Success in Rural Tourism Development[J]. Journal of Travel Research, 2001, 40(2): 132-138.

[33] 白聪霞. 新时期乡村旅游发展问题研究 [D]. 西安: 西安建筑科技大学, 2008.

[34] 蔡碧凡,陶卓民,郎富平.乡村旅游社区参与模式比较研究——以浙江省三个村落为例 [J].商业研究,2013(10):191-196.

[35] 蔡海涛.论乡村旅游与民族地区新农村建设 [D].武汉:中南民族大学,2008.

[36] 崔剑生,赵承华.新型城镇化中沈阳经济区乡村旅游转型升级对策建议 [J].辽宁行政学院学报,2015(8):44-48.

[37] 陈菁华.鄂西乡村旅游开发研究 [D].荆州:长江大学,2012.

[38] 戴承良.城乡一体化的乡村旅游模式及发展对策 [J].上海农村经济,2011(9):30-34.

[39] 邓爱民,黄鑫.低碳背景下乡村旅游功能构建问题探讨 [J].农业经济问题,2013(2):105-109.

[40] 邓爱民.我国乡村体验式旅游项目开发研究——以武汉市石榴红村为例 [J].农业经济问题,2010(7):39-43.

[41] 丁晓楠.城乡统筹视野下的乡村旅游发展研究 [J].农业经济,2014(12):46-48.

[42] 董宁等.广州乡村生态旅游深层次开发模式探讨 [J].华南师范大学学报(自然科学版),2009(2):116-120.

[43] 范星妙.电子商务环境下基于价值链的旅游企业战略联盟研究 [D].太原:中北大学,2010.

[44] 方亮.乡村旅游的升级与趋势研究综述 [J].广州大学学报(社会科学版),2014,13(4):50-53.

[45] 冯卫红.旅游产业集群形成和演进研究——以平遥古城为例 [D].开封:河南大学,2008.

[46] 傅德荣.国外乡村旅游的发展现状和趋势 [J].小城镇建设,2006(7):97-98.

[47] 高静,童索凡.乡村旅游开发与社会主义新农村建设的对接与互动研究 [J].开发研究,2014(5):128-131.

[48] 高颖,刘竹青,刘玉梅.中外乡村旅游发展模式比较研究 [J].世界农业,2011(1):80-82.

[49] 龚伟,马木兰. 乡村旅游社区空间共同演化研究 [J]. 旅游科学, 2014, 28(3): 49-62.

[50] 龚有坤,庄惠,范水生. 基于共生理论畲族村落乡村旅游综合体开发探讨——以连江县天竹畲寨为例 [J]. 山西农业大学学报(社会科学版), 2015, 14(8): 830-835.

[51] 顾婷婷,严伟. 基于福利经济学视角的乡村休闲旅游综合体的开发模式研究 [J]. 生态经济, 2014(4): 132-137.

[52] 郭凌,王志章. 乡村旅游开发与文化空间生产——基于对三圣乡红砂村的个案研究 [J]. 社会科学家, 2014(4): 83-86.

[53] 何婉. 浅议我国乡村旅游的深度开发 [D]. 上海:华东师范大学, 2006.

[54] 何婉. 法美两国乡村旅游的发展及对我国的启示 [J]. 中共杭州市委党校学报, 2006(2): 84-87.

[55] 贺小荣. 我国乡村旅游的起源、现状及其发展趋势探讨 [J]. 北京第二外国语学院学报, 2001(1): 90-94.

[56] 胡善风,朱红兵. 乡村旅游发展对美好乡村建设的贡献机理研究——以黄山市为例 [J]. 巢湖学院学报, 2014(2): 31-37.

[57] 胡美娟,李在军,侯国林等. 江苏省乡村旅游景点空间格局及其多尺度特征 [J]. 经济地理, 2015, 35(6): 202-208.

[58] 胡文海. 基于利益相关者的乡村旅游开发研究——以安徽省池州市为例 [J]. 农业经济问题, 2008(7): 82-86.

[59] 罗光华. 旅游产业价值链研究综述 [J]. 西华师范大学学报(哲学社会科学版), 2009(3): 55-59.

[60] 黄河. 广西乡村旅游产业集群研究 [J]. 社会科学家, 2014(6): 93-97.

[61] 黄继元. 旅游企业在旅游产业价值链中的竞争与合作 [J]. 经济问题探索, 2006(9): 97-101.

[62] 黄顺红,王素玲. 乡村旅游与社会主义新农村建设互动发展模式探讨 [J]. 安徽农业科学, 2011, 39(27): 16920-16922.

[63] 黄燕群. 民族地区乡村旅游发展与新农村建设良性互动的构建——

以广西富川瑶族自治县凤溪村为例 [J].湖北科技学院学报,2014,34（12）:5-7.

[64] 黄治雁,刘定定.基于全产业链的乡村旅游发展模式研究——以"肥西老母鸡家园"为例 [J].安徽农业科学,2014,42（26）:9033-9035.

[65] 贾燕.论生态农业旅游度假村的规划设计 [D].保定:河北大学,2007.

[66] 江波,夏惠.信息化条件下的旅游产业价值链 [J].湖南广播电视大学学报,2008（1）:82-83.

[67] 况宗红.创新模式推动乡村旅游又好又快发展 [J].科技信息,2010（3）:390-390.

[68] 劳本信,杨路明,李小花,等.电子商务环境下的旅游价值链重构 [J].商业经济研究,2005（23）:78-79.

[69] 雷鸣.日本乡村旅游的运行机制及其启示 [J].农业经济问题,2008（12）:99-103.

[70] 李锦宏.喀斯特地区乡村旅游可持续发展研究 [D].北京:北京林业大学,2009.

[71] 李金兰,王政,王健.乡村旅游发展中的个体理性与集体理性冲突——基于西江千户苗寨的个案研究 [J].凯里学院学报,2015,33（4）:49-51.

[72] 李俊丽.构建基于 EB 环境下旅行社价值链模型的 MIS[D].秦皇岛:燕山大学,2009.

[73] 李娜.旅游产业集群模式与发展研究 [D].西安:陕西师范大学,2007.

[74] 李树山.乡村旅游规划初探 [D].北京:北京林业大学,2009.

[75] 李雪丽,陶婷芳,张振国.新业态:旅游业可持续发展的战略选择 [J].江苏商论,2011（12）:115-118.

[76] 李雪琴.基于社区主导型发展的乡村旅游扶贫模式探讨 [J].生态经济,2013（2）:349-351.

[77] 李莺莉,王灿.新型城镇化下我国乡村旅游的生态化转型探讨 [J].农业经济问题,2015（6）:29-35.

[78] 李延松,王久梗,许顼.网际时代的旅游产业价值链重构与优化模型研究 [J].林业经济问题,2007,27(3):249-252.

[79] 李志元.嘉峪关市观光农业现状调查分析及发展思路研究 [D].杨凌:西北农林科技大学,2006.

[80] 凌丽君.美国乡村旅游发展研究 [J].世界农业,2015(10):60-63.

[81] 刘传喜,唐代剑,常俊杰.杭州乡村旅游产业集聚的时空演化与机理研究——基于社会资本视角 [J].农业经济问题,2015(6):35-45.

[82] 刘芳,岳艺吾.旅游产业融合研究综述 [J].江苏商论,2016(28):62-63.

[83] 李锋.国外旅游政策研究:进展、争论与展望 [J].旅游科学,2015,29(1):58-75.

[84] 刘红梅,冀陈伟.论红色旅游公共政策的公共性 [J].石家庄经济学院学报,2016,39(1):88-93.

[85] 刘婧.基于旅游产业价值链的企业联盟经济性问题研究 [D].重庆:重庆工商大学,2008.

[86] 刘璐.山北町 CI 计划——"内发型地域发展"理念下的社区形象改造设计 [J].公共艺术,2009(1):61-63.

[87] 刘秋华.休闲茶业与乡村旅游发展初探——以广东省英德市为例 [J].农业考古,2015(2):225-228.

[88] 刘人怀,袁国宏.我国旅游价值链管理探讨 [J].生态经济(中文版),2007(12):102-104.

[89] 刘锐.环巢湖地区乡村旅游开发驱动机制系统分析 [J].山西师范大学学报(自然科学版),2010,24(2):117-121.

[90] 刘涛.基于 SERVQUAL 模型的乡村旅游服务质量提升研究 [J].资源开发与市场,2011,27(6):569-571.

[91] 刘蔚.基于价值链(网络)理论的旅游产业竞争力分析 [J].北方经济:综合版,2006(9):39-40.

[92] 刘秀娟.水浒酒文化主题旅游的内生式发展探析 [J].酿酒科技,2015(7):123-126.

[93] 刘彦.荣成俚岛乡村旅游开发战略研究 [D].济南:山东大学,2011.

[94] 刘增平,高俊尧.旅游对助推青岛城乡发展一体化的研究 [C]//2013中国旅游科学年会论文集.2013.

[95] 柳百萍,胡文海,尹长丰等.有效与困境:乡村旅游促进农村劳动力转移就业辨析 [J].农业经济问题,2014(5):81-87.

[96] 卢小丽,成宇行.环城游憩带乡村旅游发展影响因素研究评述 [J].生态经济,2014,30(2):176-179.

[97] 鲁明月.产业融合背景下的文化旅游产业发展研究——以湘西州为例 [D].武汉:中南民族大学,2013.

[98] 鲁阳,冯成骁,杨喆剑."美丽中国"乡村旅游发展模式研究 [J].长江大学学报(社科版),2013(5):70-72.

[99] 罗光华.旅游产业价值链研究综述 [J].西华师范大学学报(哲学社会科学版),2009(3):55-59.

[100] 吕惠明.试论民族地区乡村旅游开发创新模式 [J].农业经济,2010(2):91-92.

[101] 马勇,赵蕾,宋鸿,等.中国乡村旅游发展路径及模式——以成都乡村旅游发展模式为例 [J].经济地理,2007,27(2):36-39.

[102] 潘鸿雷,陈玲玲,王琴.中国乡村旅游产业价值链探析 [J].南京晓庄学院,2015(3):96-100.

[103] 彭雯.武汉市乡村旅游发展研究 [D].武汉:华中师范大学,2007.

[104] 秦晶,赵进.从新农村建设看我国乡村旅游利益相关者及其协调问题 [J].旅游纵览,2011(4):123-124.

[105] 邱琳.日本观光农业对宝鸡市现代农业发展的启示 [J].中国园艺文摘,2012(8):193-194.

[106] 曲小雨.闽东地区养生度假型乡村旅游规划研究 [D].西安:西安建筑科技大学,2015.

[107] 任瀚.基于全球价值链理论的中国入境旅游业发展研究 [D].开封:河南大学,2007.

[108] 任开荣.乡村旅游内生式发展模式实证研究——以云南省咪依噜风情谷为例 [J].安徽农业科学,2010,38(22):12089-12090.

[109] 阮慧娟,吴雪飞. 浙江省乡村生态旅游的发展模式与路径探讨 [J]. 中南林业大学学报(社会科学版),2015,9(2):61-64.

[110] 沈贵平. 以花为媒带动一三产业互动——浅析成都乡村旅游发展 [J]. 中国西部科技,2009,8(18):60-62.

[111] 是丽娜. 新农村建设与乡村生态旅游互动发展模式构建 [J]. 生态经济,2013(11):106-109.

[112] 宋瑛. 乡村旅游与社会主义新农村建设的互动机制研究 [J]. 上海经济研究,2008(4):107-111.

[113] 苏振. 旅游产业演进与旅游公共政策研究 [D]. 昆明:云南大学,2011.

[114] 孙赫. 山东省乡村旅游资源开发与产业发展模式探析 [J]. 中国农业资源与区划,2016,37(11):220-225.

[115] 孙华平,刘风芹,段文清. 乡村旅游与新农村建设的协同发展模式研究 [J]. 生态经济,2013(2):319-323.

[116] 孙丽坤. 新农村建设与辽宁乡村旅游品牌化战略初探 [J]. 生态经济(中文版),2009(10):213-216.

[117] 孙英杰,王慧元. 基于产业价值体系的乡村旅游产业升级路径探讨 [J]. 农业经济,2015(7):83-84.

[118] 孙缘,夏学英. 新型城镇化视阈下辽宁省乡村旅游发展研究 [J]. 中南林业科技大学学报(社会科学版),2015,9(3):69-72.

[119] 覃建雄,张培,陈兴旅游产业扶贫开发模式与保障机制研究——以秦巴山区为例 [J]. 西部经济,2013(7):134-138.

[120] 唐德荣,杨锦秀,刘艺梅. 乡村旅游意愿及其影响因素研究——基于重庆市497位城市游客的调查数据 [J]. 农业经济问题,2008(12):47-52.

[121] 陶长江,付开菊,王颖梅. 乡村旅游对农村家庭关系的影响研究——成都龙泉驿区石经村的个案调查 [J]. 干旱区资源与环境,2014,28(10):203-208.

[122] 田晓琴. 门头沟区马栏风景区规划设计 [D]. 杨凌:西北农林科技大学,2004.

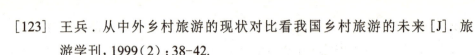
[123] 王兵．从中外乡村旅游的现状对比看我国乡村旅游的未来［J］．旅游学刊，1999（2）：38-42.

[124] 王超，王志章．少数民族连片特困乡村包容性旅游发展模式的探索——来自贵州六盘水山区布依族补雨村的经验数据［J］．西南民族大学学报（人文社会科学版），2013（7）：139-143.

[125] 王乐．山东省乡村旅游发展模式研究［D］．青岛：中国海洋大学，2014.

[126] 王起静．旅游产业链的两种模式及未来趋势［J］．经济管理，2005（22）：75-80.

[127] 王琼英，唐代剑．基于城乡统筹的乡村旅游价值再造［J］．农业经济问题，2012（11）：66-72.

[128] 王生卫．跨界区域地质旅游资源整合研究——以大别山为例［D］．北京：中国地质大学，2009.

[129] 王雄瑾，陈守辉．新农村建设视野下民族地区乡村旅游协调发展模式探析——以融水苗族自治县为例［J］．农业经济，2011（8）：18-20.

[130] 王永强．欧美国家促进乡村旅游发展的经验与启示［J］．郑州航空工业管理学院学报，2009，27（3）：50-52.

[131] 王玉琼，王立新．小城镇与乡村旅游互动的理论与实证分析［J］．小城镇建设，2007（12）：101-104.

[132] 王云才．国际乡村旅游发展的政策经验与借鉴［J］．旅游学刊，2002，17（4）：45-50.

[133] 韦铭．乡村旅游者消费行为研究［D］．青岛：中国海洋大学，2008.

[134] 吴爱丽．河北省休闲农业与乡村旅游的发展模式研究［J］．生态经济，2012（1）：236-238.

[135] 吴冠岑，牛星，田伟利．乡村土地旅游化流转影响的调查研究［J］．生态经济，2015，31（7）：105-109.

[136] 吴冠岑，牛星，许恒周．乡村旅游开发中土地流转风险的产生机理与管理工具［J］．农业经济问题，2013（4）：63-69.

[137] 吴忠军，吴少峰．乡村旅游与壮族农民增收研究［J］．广西民族大学学报（哲学社会科学版），2014，36（3）：54-61.

[138] 席建超,王新歌,孔钦钦,等.旅游地乡村聚落演变与土地利用模式——野三坡旅游区三个旅游村落案例[J].地理学报,2014,69(4):531-540.

[139] 向富华,金颖若.乡村旅游产业组织模式研究[J].北京第二外国语学院学报,2011(7):26-32.

[140] 向佐谊,柳思维.农村产业结构调整的转换成本及其反向机制——以张家界旅游农产品调整为例[J].系统工程,2011,29(10):68-73.

[141] 肖晓.现代农业与乡村旅游整合发展模式探讨[J].成都理工大学学报(社会科学版),2011,19(4):82-85.

[142] 谢晓岗.广西乡村旅游开发研究[D].南宁:广西大学,2008.

[143] 谢小芹,简小鹰.社区参与乡村旅游发展研究的本土化反思[J].广西民族大学学报(哲学社会科学版),2014,36(3):47-53.

[144] 薛清玲.乡村旅游发展初探[J].科技创新导报,2008(21):127-128.

[145] 徐燕,殷红梅.贵州省贫困地区乡村旅游村寨扶贫建设模式研究[J].安徽农业科学,2012,40(8):4744-4746.

[146] 闫伟红,李冠喜.江苏沿海三市乡村旅游的海滨资源保护与开发[J].山东农业大学学报(自然科学版),2015,46(4):1-6.

[147] 杨华.日本乡村旅游发展研究[J].世界农业,2015(7):158-161.

[148] 杨路明,劳本信.电子商务对传统旅游价值链的影响[J].中国流通经济,2008,22(4):38-41.

[149] 杨永德,李玲,廖文辉.基于四象限分析的区域旅游政策的差异性[J].经济研究导刊,2015(9):246-248.

[150] 杨宇.乡村旅游发展对农村小城镇的影响研究[D].长沙:中南林学院,2005.

[151] 姚翾.新宁县乡村旅游客源结构调查[D].长沙:中南林业科技大学,2013.

[152] 姚云浩.旅游产业集群网络及创新绩效研究[D].北京:中国农业大学,2015.

[153] 姚云浩,高启杰.网络关系嵌入、创新扩散与旅游企业创新绩效 [J].旅游科学,2014,28(5):68-78.

[154] 姚云浩,高启杰.结构嵌入、集体学习与旅游企业创新绩效关系研究 [J].四川师范大学学报(社会科学版),2014(4):46-53.

[155] 姚云浩,高启杰.网络视角下旅游产业集群差异及成因——基于多案例的比较研究 [J].地域研究与开发,2016,35(1):102-107.

[156] 余昊.乡村旅游发展对农村剩余劳动力转移的拉动作用研究 [D].贵阳:贵州师范大学,2009.

[157] 喻忠磊,杨新军,杨涛.乡村农户适应旅游发展的模式及影响机制——以秦岭金丝峡景区为例 [J].地理学报,2013(8):1143-1156.

[158] 张春琳.乡村旅游游客满意度及再次游览意向影响因素研究——来自贵州省西江千户苗寨的经验证据 [J].农业经济问题,2012(1):60-68.

[159] 张春燕.民族地区农村城镇化与乡村旅游的互动关系研究——以贵州为例 [J].贵州民族研究,2014(5):120-124.

[160] 张宏祥.基于新农村建设的重庆市乡村旅游研究 [D].重庆:重庆师范大学,2009.

[161] 张环宙,周永广,魏蕙雅,等.基于行动者网络理论的乡村旅游内生式发展的实证研究——以浙江浦江仙华山村为例 [J].旅游学刊,2008,23(2):65-71.

[162] 张建,李世泰.新型城镇化背景下的乡村旅游发展路径研究 [J].发展研究,2015(6):49-53.

[163] 张建民.日本旅游产业发展研究 [D].长春:吉林大学,2012.

[164] 张立宝,高凤杰,杜可,等.东北严寒地区村镇环境现状调查研究 [J].环境科学与管理,2016,41(11):19-22.

[165] 张世兵,龙茂兴.乡村旅游中社区与旅游投资商合作的博弈分析 [J].农业经济问题,2009(4):49-53.

[166] 张树民,钟林生,王灵恩.基于旅游系统理论的中国乡村旅游发展模式探讨 [J].地理研究,2012,31(11):94-103.

[167] 张文,安艳艳,李娜.我国乡村旅游发展的社会与经济效益、问题及对策[J].北京第二外国语学院学报,2006(3):17-24.

[168] 张向东.西方发达国家乡村旅游发展中的政府干预[J].丝绸之路,2012(4):68-70.

[169] 张新.国内乡村旅游经营模式研究综述[J].安徽农业科学,2014,42(25):8642-8644.

[170] 张一,邱洁威,邵林涛等.乡村旅游拉力动机的结构及旅游者类型分析[J].干旱地区资源与环境,2014,28(10):191-196.

[171] 张颖.美国西部乡村旅游资源开发模式与启示[J].农业经济问题,2011(3):105-109.

[172] 张永辉.基于旅游地开发的苏南传统乡村聚落景观的评价[D].南京:南京农业大学,2008.

[173] 赵承华.乡村旅游及其推动农村产业结构优化研究[D].武汉:武汉理工大学,2009.

[174] 赵承华.乡村旅游开发模式及其影响因素分析[J].农业经济,2012(1):13-15.

[175] 赵科.5.12汶川大地震极重灾区什邡市师古镇灾后重建发展乡村旅游研究[D].成都:电子科技大学,2009.

[176] 赵磊.旅游产业与文化产业融合发展研究[D].合肥:安徽大学,2012.

[177] 赵鑫.论乡村旅游与新农村建设[D].开封:河南大学,2008.

[178] 赵云.云南省乡村旅游经济发展模式的分析与探讨[J].云南财经大学学报,2010,25(4):87-89.

[179] 赵艳铭.泰宁县乡村旅游发展研究[D].福州:福建农林大学,2009.

[180] 郑凤萍,杜伟玲.黑龙江乡村旅游发展问题研究[J].农业经济问题,2008(1):75-79.

[181] 郑燕,李庆雷.新形势下乡村旅游发展模式创新研究[J].安徽农业科学,2011,39(13):7961-7963.

[182] 郑杨,周志斌,朱莎.近5年中国国内乡村旅游研究热点问题综述
[J].北京第二外国语学院学报,2012(5):19-26.

[183] 郑中华.重庆乡村旅游发展面临的问题及对策建议[J].劳动保障
世界,2016(12):44-45.

[184] 钟凤,李秀霞.基于新农村建设的可持续乡村旅游发展模式研究
[J].中国林业经济,2010(6):42-45.

[185] 钟金贵.农村剩余劳动力向乡村旅游产业转移的理论模型与分
析——以遵义市董公寺镇为例[J].长沙大学学报,2010,24(4):
28-29.

[186] 周霄,单初.乡村地区旅游城镇化发展模式研究——以湖北省为例
[J].武汉轻工大学学报,2014(4):98-101.

[187] 周杨.乡村旅游从业人员就业满意度评价及影响因素[J].学术研
究,2014(6):90-94.

[188] 朱海艳.旅游产业融合模式研究[D].西安:西北大学,2014.

[189] 朱义宝.青岛市乡村旅游发展研究[D].青岛:中国海洋大学,
2015.

[190] 左冰,万莹.去内卷化:乡村旅游对农业发展的影响研究[J].中国
农业大学学报(社会科学版),2015,32(4):21-30.

后　记

有人说:"人生至少要有两次冲动:一场奋不顾身的爱情和一段说走就走的旅行。"每个人心中,都会有一个古镇情怀,流水江南,烟笼人家……当今社会,旅行已经是我们生活中的一部分。

旅游是综合性产业,是拉动经济发展的重要动力,是传播文明、交流文化、增进友谊的桥梁,是衡量人民生活水平的一个重要指标。

青岛是一个美丽的旅游城市,我是一个喜欢旅游的青岛人。在青岛市旅游局工作以及攻读博士学位期间,围绕着青岛市旅游产业的战略发展问题,我经常做一些调研和思考。

本书是在我的博士论文的基础上修改而成的。"海纳百川,取则行远。"中国海洋大学是我的母校,我的本科、硕士和博士阶段的学习都是在这里完成的。中国海洋大学培养了我,我对母校充满感激之情。这些年来,我每年都会抽空回学校走走,心情愉悦地徜徉在静谧的校园里,看那春华秋实的四季变换,看那一个个学子的身影从我身边悄然而过。

本书能够完成,尤其要感谢我的导师韩立民教授!他治学严谨,勤奋敬业,严肃外表下有一颗对学生负责的炽热之心。感谢老师在忙碌的教学工作中挤出时间来审查、修改我的论文。是他的指引与鼓励让我摆脱了焦虑,树立了信心,使我得以战胜前行中的一个个困难!同时感谢青岛市旅发委和各区市旅游局提供的帮助,也感谢家人对我的理解与支持。

谭　鹏
2018 年 9 月